Fundamentos de direito
tributário | volume 1

Central de Qualidade — FGV Management
ouvidoria@fgv.br

FUNDAÇÃO GETULIO VARGAS

DIREITO RIO

SÉRIE DIREITO EMPRESARIAL

Fundamentos de direito tributário | volume 1

PUBLICAÇÕES
FGV Management

FGV
EDITORA

ISBN — 978-85-225-0763-4
Copyright © 2009 Escola de Direito do Rio de Janeiro da Fundação Getulio Vargas

Direitos desta edição reservados à
EDITORA FGV
Rua Jornalista Orlando Dantas, 37
22231-010 — Rio de Janeiro, RJ — Brasil
Tels.: 0800-021-7777 — 21-3799-4427
Fax: 21-3799-4430
E-mail: editora@fgv.br — pedidoseditora@fgv.br
www.fgv.br/editora

Impresso no Brasil/Printed in Brazil

Todos os direitos reservados. A reprodução não autorizada desta publicação, no todo ou em parte, constitui violação do copyright (Lei nº 9.610/98).

Os conceitos emitidos neste livro são de inteira responsabilidade dos autores.

Este livro foi editado segundo as normas do Acordo Ortográfico da Língua Portuguesa, aprovado pelo Decreto Legislativo nº 54, de 18 de abril de 1995, e promulgado pelo Decreto nº 6.583, de 29 de setembro de 2008.

1ª edição — 2009; 1ª reimpresssão — 2010.

Preparação de originais: Luiz Alberto Monjardim
Editoração eletrônica: FA Editoração Eletrônica
Revisão: Aleidis de Beltran e Marco Antonio Corrêa
Capa: aspecto:design

**Ficha catalográfica elaborada pela
Biblioteca Mario Henrique Simonsen/FGV**

    Fundamentos de direito tributário / Direito Rio. — Rio de Janeiro : Editora FGV, 2009.
    2 v. (Direito empresarial (FGV Management))

    Inclui bibliografia.

    1. Direito tributário. I. Escola de Direito do Rio de Janeiro da Fundação Getulio Vargas. II. FGV Management. III. Fundação Getulio Vargas. IV. Série.

                                      CDD — 341.39

Nossa missão é construir uma escola de referência nacional em carreiras públicas e direito empresarial, formando lideranças capazes de pensar o Brasil a longo prazo e servindo de modelo para o ensino e a pesquisa no campo jurídico, de modo a contribuir para o desenvolvimento do país.

FGV Direito Rio

Sumário

Apresentação   11

Introdução   13

1 | **Conceito de tributo**   15
   Caso gerador   15
   Roteiro de estudo   16
      Conceito de tributo   16
      A diferença entre os tributos e as demais receitas públicas   33
   Questões de automonitoramento   48

2 | **As espécies tributárias**   49
   Caso gerador   49
   Roteiro de estudo   50
      Introdução   50
      Imposto   53

Taxa   65
Contribuição de melhoria   79
Contribuição especial   81
Empréstimo compulsório   89
Questões de automonitoramento   90

3 | Limitações ao poder de tributar I   93
Caso gerador   93
Roteiro de estudo   94
Limitações constitucionais ao poder de tributar   94
Princípio da legalidade   98
Princípio da irretroatividade   110
Princípio da anterioridade   113
Princípio da liberdade de tráfego   120
Questões de automonitoramento   121

4 | Limitações ao poder de tributar II   123
Caso gerador   123
Roteiro de estudo   123
Princípio da isonomia   123
Princípio da capacidade contributiva   125
Princípio do não confisco   147
Questões de automonitoramento   148

5 | Imunidades   149
Caso gerador   149
Roteiro de estudo   149
Imunidades   149
Distinção entre imunidade, isenção e não incidência   151

Imunidades genéricas   153

Imunidade recíproca   154

Imunidade dos templos de qualquer culto   157

Imunidade dos sindicatos dos trabalhadores   159

Imunidade dos partidos políticos e suas fundações   160

Imunidade das entidades de assistência social   161

Instituições de educação sem fins lucrativos   164

Manutenção da imunidade em caso de aluguel de imóveis a terceiros   164

Livro, jornal, periódico e papel destinado a sua impressão   165

Questões de automonitoramento   178

6 | Legislação tributária: aplicação, vigência, interpretação e integração   181

Caso gerador   181

Roteiro de estudo   182

Vigência da norma tributária   182

Aplicação da norma tributária   184

Interpretação da norma tributária   185

Questões de automonitoramento   215

Conclusão   217

Referências   219

Colaboradores   231

Apresentação

Aliada à credibilidade conquistada em mais de meio século de excelência no ensino de economia, administração e outras disciplinas ligadas à atuação pública e privada, a Escola de Direito do Rio de Janeiro da Fundação Getulio Vargas — FGV Direito Rio — iniciou suas atividades em julho de 2002. A criação dessa nova escola é uma estratégia da FGV para oferecer ao país um novo modelo de ensino jurídico capaz de formar lideranças de destaque na advocacia e nas carreiras públicas.

A FGV Direito Rio desenvolveu um cuidadoso plano pedagógico para seu Programa de Educação Continuada, contemplando cursos de pós-graduação e de extensão. O programa surge como valorosa resposta à crise do ensino jurídico observada no Brasil nas últimas décadas e que se expressa pela incompatibilidade entre as práticas tradicionais de ensino do direito e as demandas de uma sociedade desenvolvida.

Em seu plano, a FGV Direito Rio assume o compromisso de formar profissionais preparados para atender às reais necessidades e expectativas da sociedade brasileira em tempos de globalização. Seus cursos reforçam o empenho da escola em inserir no mercado profissionais de direito capazes de lidar com áreas interdisciplinares, dotados de uma visão ampla das questões jurídicas e com sólidas bases acadêmica e prática.

A Série Direito Empresarial é um importante instrumento para difusão das modernas teses e questões abordadas em sala de aula nos cursos de MBA e de pós-graduação em direito empresarial desenvolvidos pela FGV Direito Rio.

Dessa forma, esperamos oferecer a estudantes e advogados atuantes na área empresarial um material de estudo que seja realmente útil em seu cotidiano profissional.

Introdução

Este primeiro volume dedicado ao estudo dos fundamentos de direito tributário tem origem em profunda pesquisa e sistemática consolidação dos materiais de aula relacionados a temas que despertam crescente interesse no meio jurídico e reclamam mais atenção dos estudiosos do direito. A intenção da Escola de Direito do Rio de Janeiro da Fundação Getulio Vargas é tratar de questões atuais de direito tributário, aliando a dogmática à pragmática da ciência jurídica.

A obra trata, de forma didática e clara, dos conceitos e princípios do direito tributário, analisando as questões em face das condições econômicas do desenvolvimento do país e das discussões recentes sobre o processo de reforma tributária.

O material aqui apresentado abrange assuntos relevantes, como, por exemplo, o conceito de tributo; as espécies tributárias; os princípios do direito tributário; as limitações ao poder de tributar; as imunidades tributárias; e a aplicação, vigência, interpretação e integração da legislação tributária.

Em conformidade com a metodologia da FGV Direito Rio, cada capítulo inclui o estudo de *leading cases* para auxiliar na compreensão dos temas. Com ênfase em casos práticos, oferecemos aqui uma análise dinâmica e crítica das normas vigentes e de sua interpretação.

Esperamos, assim, fornecer o instrumental técnico-jurídico para os profissionais com atuação ou interesse na área, visando incentivar a proposição de soluções criativas para os problemas normalmente aí enfrentados.

1

Conceito de tributo

Caso gerador

O Código de Mineração (Decreto-Lei nº 227/67), com a redação que lhe foi conferida pela Lei nº 9.314, de 14 de novembro de 1996, estabelece em seu art. 20, *in verbis*, que:

> A autorização de pesquisa importa nos seguintes pagamentos:
>
> I — pelo interessado, quando do requerimento de autorização de pesquisa, de emolumentos em quantia equivalente a duzentas e setenta vezes a expressão monetária Ufir, instituída pelo art. 1º da Lei nº 8.383, de 30 de dezembro de 1991;
>
> II — *pelo titular de autorização de pesquisa, até a entrega do relatório final dos trabalhos ao DNPM, de taxa anual, por hectare, admitida a fixação em valores progressivos em função da substância mineral objetivada, extensão e localização da área e de outras condições, respeitado o valor máximo de duas vezes a expressão monetária Ufir, instituída pelo art. 1º da Lei nº 8.383, de 30 de dezembro de 1991.*

1º O ministro de Estado de Minas e Energia, relativamente à taxa de que trata o inciso II do caput deste artigo, estabelecerá, mediante portaria, os valores, os prazos de recolhimento e demais critérios e condições de pagamento.[1]

Analise a natureza jurídica da referida *taxa de pesquisa de jazida* prevista no inciso II do artigo antes transcrito.

Roteiro de estudo

Conceito de tributo

Inicialmente, é importante consignar que, no âmbito do ordenamento jurídico pátrio, o texto fundamental de 1988 deixou de estabelecer formalmente um conceito de tributo, atribuindo ao intérprete do direito o ônus de "perceber, atrás da fachada constitucional, a que princípios jurídicos se reportou o constituinte na parte tributária, no que diz respeito ao conceito de tributo, à repartição de suas espécies"[2] e, assim, de buscar o sentido e os contornos da expressão genérica "tributo", que abarca diversas figuras de exação, como, por exemplo, impostos, taxas e empréstimos compulsórios.

Assim, diante da ausência de uma definição expressa no bojo da Constituição da República de 1988, e sendo certo que a atividade hermenêutica envolve a interpretação sistemática, para compreender o que se caracteriza como tributo, faz-se necessária a leitura conjugada das disposições constitucionais que arrolam as espécies de exação com o teor do art. 3º da Lei nº 5.172, de 25 de outubro de 1966 (Código Tributário Nacional — CTN).[3]

---

[1] Grifo nosso.
[2] Coêlho, 1989:180.
[3] Essa lei, intitulada Código Tributário Nacional pelo Ato Complementar nº 36/67, é formalmente ordinária, tendo sido recepcionada como lei complementar pelas cons-

Note-se que a própria Carta Magna de 1988, em seu art. 146, III, a, atribui à lei complementar, entre outras funções, a de estabelecer a definição de tributos, tarefa desempenhada pelo Código Tributário Nacional, o qual "adotou uma linha didática na disciplina do sistema tributário, insistindo, ao longo do seu texto, na fixação de certos conceitos básicos".[4]

Contudo, farta discussão doutrinária gira em torno do que se deve conceituar como tributo, notadamente pelo fato de que todos os elementos que integram a sua definição, conforme declinada pelo Código Tributário Nacional, a rigor se adequam a outras classes de ingressos públicos. Mas fato é que o conceito legal de tributo externado pelo referido diploma, como veremos a seguir, apresenta seis elementos básicos para a sua identificação.[5]

Passa-se, portanto, a abordar a conceituação doutrinária de tributo sob a égide dos ensinamentos de alguns renomados autores em seara de direito tributário, para, a seguir, analisar as especificidades do comando normativo expresso no bojo do art. 3º do CTN.

O termo tributo em seu sentido primitivo correspondia a uma imposição que, posteriormente, ao término do período de guerra entre povos, o vencedor atribuía ao vencido, conforme nos esclarece a lição de Rosa Júnior. Acrescenta ainda o autor que, "hodiernamente, o tributo constitui uma fonte normal de recursos para o Estado (*fim fiscal*) e um instrumento de que se serve para intervir nos domínios econômico, social e político (*fim extrafiscal*)".[6]

---

tituições brasileiras de 1967 e de 1988 (ver STF. Pleno. RE nº 93.850/MG. Rel. Min. Moreira Alves. j. 20.05.1982. *DJ*, 27 ago. 1982. RTJ 105/194).
[4] Amaro, 2006:19.
[5] Sobre o tema, ver Amaro (2003:20) e Torres (2003:334).
[6] Rosa Júnior, 2005:198.

Na ótica de Torres (2003:334), o tributo pode ser conceituado como

> o dever fundamental, consistente em prestação pecuniária que, limitado pelas liberdades fundamentais, sob a diretiva dos princípios constitucionais da capacidade contributiva, do custo/benefício ou da solidariedade do grupo e com a finalidade principal ou acessória de obtenção de receita para as necessidades públicas ou para atividades protegidas pelo Estado, é exigido de quem tenha realizado o fato descrito em lei elaborada de acordo com a competência específica outorgada pela Constituição.

Amaro (2003:21, 25) conceitua tributo como "a prestação pecuniária não sancionatória de ato ilícito, instituída em lei e devida ao Estado ou a entidades não estatais de fins de interesse público". Vale consignar que o autor censura a expressão "prestação compulsória" contida no art. 3º do CTN, porquanto "qualificar a prestação (tributo) como compulsória nada particulariza nem especifica. O devedor de obrigação não tributária também é compelível a efetuar a prestação objeto de sua obrigação jurídica, porque o credor dessa prestação tem o direito de exigi-la, coercitivamente".

O Código Tributário Nacional, como mencionado, prevê expressamente o conceito de tributo, definindo-o como "toda prestação pecuniária compulsória, em moeda ou cujo valor nela se possa exprimir, que não constitua sanção de ato ilícito, instituída em lei e cobrada mediante atividade administrativa plenamente vinculada". Dessa forma, é exposta a sua natureza jurídica híbrida, qual seja, de receita derivada e, ao mesmo tempo, obrigação *ex lege* de dar coisa certa. Esses elementos básicos serão explicitados a seguir.[7]

---

[7] Tributo constitui receita derivada porquanto transferência compulsória de parte do patrimônio do particular para o patrimônio público, e é obrigação de dar coisa certa porque se cuida de prestação em pecúnia.

Prestação pecuniária

Em regra, o cumprimento da obrigação de pagar tributo deve se dar na forma de pecúnia (dinheiro), e a prestação objeto da relação jurídica tributária é aquela "tendente a assegurar ao Estado os meios financeiros de que necessita para a consecução de seus objetivos, por isto que é de natureza pecuniária".[8] Desse modo, o Estado impõe ao contribuinte, por meio do exercício do poder de império, uma prestação pecuniária, ou seja, uma obrigação[9] cujo conteúdo se expressa em moeda, sendo importante notar, como sustenta Paulsen (2007:607), que não se pode perder de vista a circunstância de que o "tributo, necessariamente, é obrigação pecuniária voltada ao custeio das atividades dos entes políticos ou outras atividades do interesse público".

Compulsória

O nascimento da obrigação de pagar tributos decorre diretamente da lei (obrigação *ex lege*), e não da vontade dos sujeitos da relação jurídica (obrigação *ex voluntate*), ou seja, permanece ausente o elemento *voluntas* no "suporte fático da incidência da norma de tributação".[10] Assim, a manifestação de vontade do contribuinte é irrelevante para o nascimento da obrigação tributária, inexistindo opção entre cumpri-la ou não, visto que esta deriva da lei.

Vale consignar, por oportuno, ao arrimo da lição de Falcão (2002:2), que não basta apenas a existência de lei para que a

---

[8] Machado, 2004:69.
[9] Para alguns autores o tributo constitui um dever jurídico, pois trata-se de uma sujeição, inexistindo aspecto volitivo na conduta.
[10] Machado, 2004:69.

obrigação tributária se instaure, e sim "que surja concretamente o fato ou pressuposto que o legislador indica como sendo capaz de servir de fundamento à ocorrência da relação jurídica tributária (...) a que se dá o nome de fato gerador".

Assim, a compulsoriedade da prestação tributária a diferencia das prestações pecuniárias de caráter privado, uma vez que estas decorrem diretamente do contrato e indiretamente da lei, enquanto a prestação tributária decorre exclusivamente do comando legal.[11]

Em moeda ou cujo valor nela se possa exprimir

De acordo com o entendimento majoritário da doutrina,[12] a prestação tributária é expressa em moeda,[13] pois esta é a forma comum de extinção do crédito tributário.

Entretanto, autores como Carvalho (1993:21) e Bastos (1991:143) defendem que o art. 3º do CTN acaba por permitir, além da criação de tributos *in specie*, a criação de tributos *in natura* ou *in labore*.[14]

No entanto, repita-se, *a doutrina majoritária sustenta que o conteúdo da prestação tributária é expresso em valor monetário.*

Outra questão que surge com relação ao tema diz respeito à interpretação conjunta do art. 3º e do art. 156, ambos do

---

[11] Amaro, 2003:21.
[12] Machado, 2004:69; Amaro, 2003:20; Coêlho, 2003:692.
[13] Machado, 2004:69; Amaro, 2003:20.
[14] Machado (2003:58), partidário da tese de que no direito brasileiro não se admitem os tributos *in natura* e *in labore*, assim os exemplifica: tributo *in natura* seria "aquele estabelecido sem qualquer referência à moeda. Por exemplo, um imposto sobre a importação de trigo, cuja lei instituidora determinasse que, por tonelada de trigo importado, o importador entregaria, a título de tributo, cem quilos de trigo à União"; já o tributo *in labore* "seria aquele instituído também sem qualquer referência à moeda. Por exemplo, um imposto sobre a atividade profissional, cuja lei instituidora determinasse que todo profissional liberal seria obrigado a dar um dia de serviço por mês à entidade tributante". Ver também o art. 5º da Lei nº 4.393/03 do Rio Grande do Sul.

CTN, especialmente após este último ter sido alterado pela Lei Complementar nº 104, de 10 de janeiro de 2001. Isto porque, com a inclusão do inciso XI no art. 156 do CTN pela referida lei complementar, passou-se a admitir como forma de extinção do crédito tributário a dação em pagamento em bens imóveis, na forma e condições estabelecidas em lei.

Sob o fundamento de que o art. 3º do CTN admite, inclusive, que a lei possa autorizar o adimplemento da obrigação tributária mediante dação em bens, Rosa Júnior (2005:199) consigna que, com o acréscimo do inciso XI ao art. 156 daquele diploma, por meio da Lei Complementar nº 104/01, eventuais dúvidas sobre tal possibilidade foram eliminadas, considerando que, não obstante a previsão se referir, unicamente, a bens imóveis, "a dação em pagamento pode ter como objeto bens móveis, vez que a relação constante do art. 156 deve ser entendida em caráter exemplificativo e não taxativo".

No mesmo sentido posiciona-se Amaro (2006:390), quando assevera que o rol do art. 156 tem natureza exemplificativa e, por via de consequência, embora a alteração promovida pela Lei Complementar nº 104/01 tenha incluído como forma de extinção do crédito tributário a dação em pagamento apenas de bens imóveis, não se deve considerar banida a possibilidade de extinguir-se o referido crédito mediante a dação de outros bens.

No entanto, deve-se ressalvar que a dação em pagamento, mesmo após a edição da lei complementar antes citada, não constitui a forma ordinária de extinção do crédito tributário, dependendo de lei específica que autorize o contribuinte a pagar o tributo por meio da entrega de bem que não seja dinheiro.[15]

---

[15] Segundo Machado (2004:70), "pode ocorrer que a lei admita, em circunstâncias especiais, a extinção do crédito tributário mediante *dação em pagamento*. Isto, porém, constituirá exceção que não infirma a regra, mas, pelo contrário, a confirma".

A propósito, vale citar acórdão[16] da lavra do Superior Tribunal de Justiça, em que se julgou a pretensão do contribuinte de quitar débitos próprios referentes ao imposto sobre serviço (ISS) mediante dação de títulos da dívida agrária, sem que houvesse previsão legal expressa que permitisse a extinção do crédito por meio de dação em pagamento, *in verbis*:

> Tributário. ISS. Ação de consignação em pagamento. Título da dívida agrária. Impossibilidade.
>
> 1. A consignação em pagamento e a dação obedecem ao princípio estrito da legalidade, por isso que, não se enquadrando nas hipóteses legalmente previstas, não há extinção do crédito tributário. Deveras, como consequência, a regra é a quitação específica da exação.
>
> 2. A ação consignatória julgada procedente extingue o crédito tributário e é levada a efeito através do depósito da quantia apta à satisfação do débito respectivo. Seu êxito reclama o adimplemento da obrigação tributária na forma da lei para o pagamento dos tributos em geral.
>
> 3. *O débito tributário deve, necessariamente, ser pago "em moeda ou cujo valor nela se possa exprimir". A dação em pagamento, para o fim de quitação de obrigação tributária, só é aceita em hipóteses elencadas legalmente.*
>
> 4. Não se pode proceder a encontro de contas se o crédito com que se pretende quitar o débito não é oponível ao titular do crédito que se deve adimplir; vale dizer, créditos de TDAs em confronto com débito municipal.
>
> 5. Na ação de consignação em pagamento o credor não pode ser compelido a receber coisa diversa do objeto da obrigação.

---

[16] STJ. Primeira Turma. REsp nº 480.404. Rel. Min. Luiz Fux. j. 20.11.2003. *DJ*, 19 dez. 2003.

Em se tratando de dívida tributária, indisponível à autoridade fazendária, não há como se admitir a dação em pagamento por via de título da dívida pública, se este procedimento escapa à estrita legalidade.

6. Recurso especial parcialmente conhecido e, nessa parte, desprovido.[17]

Sublinhe-se que, no voto do ministro relator Luiz Fux,[18] foi citada a doutrina de Coêlho (2006:692), segundo a qual "o pagamento do tributo só pode ser mesmo em moeda ou em valor que nela se possa exprimir (papel selado, selo, estampilha, vale postal, cheque)", eis que, no direito tributário, "o Estado só pode receber, em dação em pagamento, coisa diversa do dinheiro se autorizado por lei. O crédito tributário é indisponível pela administração".

Como já ressaltado, mesmo não sendo a regra, há alguns casos, a exemplo da previsão contida na LC nº 104/01, em que a lei permite o pagamento de tributo mediante a dação em pagamento. Nesse sentido, o Decreto-Lei nº 195, de 24 de fevereiro de 1967 — que disciplina a cobrança da contribuição de melhoria — estabelece em seu art. 12, §4º, "que é lícito ao contribuinte liquidar a contribuição de melhoria com títulos da dívida pública, emitidos especialmente para financiamento da obra pela qual foi lançado".

Fato é que, a partir da alteração promovida pela LC nº 104/01, do teor do art. 156, XI, do CTN extrai-se a interpretação de que o pagamento de tributo por meio da dação em pagamento poderá ocorrer com a oferta de bens imóveis e na forma de lei específica. Dessa exegese sustenta-se, portanto,

---

[17] Grifos nossos.
[18] Ver nota 16.

que caberia a cada ente federado regular, em função de sua autonomia, a viabilidade, ou não, da utilização do instituto da dação em pagamento como forma de extinção do crédito de natureza tributária.

De toda forma, o assunto foi levado à pauta de discussão jurisprudencial no âmbito do Supremo Tribunal Federal, que, apreciando a ação direta de inconstitucionalidade (ADI) nº 1.917/DF,[19] por unanimidade, em 26 de abril de 2007, julgou procedente a ação direta, cujo objeto era reconhecer a inconstitucionalidade de lei do Distrito Federal que previu como forma de pagamento de débitos tributários das microempresas e das empresas de pequeno e médio portes a dação em pagamento de materiais destinados a atender a programas de governo daquele ente político.

A rigor, o Pleno do STF, escorado nos argumentos aduzidos pelo relator da ADI em comento, ministro Ricardo Levandowski, entendeu que a norma impugnada violou o art. 37, XXI, da CR/88, eis que afastou a incidência do procedimento licitatório, necessário à aquisição de bens pela administração pública. Também constituiu argumento do pretório excelso para vislumbrar a inconstitucionalidade da lei distrital o fato de que houve, sob o prisma tributário, ofensa ao art. 146, III, também do texto fundamental, que exige lei complementar para o estabelecimento de normas gerais em matéria de legislação tributária, confirmando assim a liminar deferida na aludida ADI, em 19 de setembro de 2003.

Nesse sentido, é possível reconhecer certa tendência de o Supremo Tribunal Federal vir a posicionar-se no sentido de permitir a quitação de débitos tributários por meio da dação

---

[19] STF. Pleno. ADI nº 1.917/DF. Relator Min. Ricardo Levandowski. j. 26.04.2007. *DJ*, 7 maio 2007.

em pagamento apenas mediante a oferta de bens imóveis, na literalidade do que preceitua o inciso XI do art. 156 do CTN.

Contrário a esse entendimento está a posição do STF esposada na ação direta de inconstitucionalidade[20] que visava a declaração de inconstitucionalidade da Lei nº 11.475, de 28 de abril de 2000, do estado do Rio Grande do Sul, que prevê a dação em pagamento de bens para quitação de débitos tributários estaduais, por entender que cada estado-membro pode estabelecer regras específicas de quitação de seus próprios créditos tributários. Vale ressaltar, ainda, que a aludida lei estadual foi elaborada antes da Lei Complementar nº 104/01.

> Ação direta de inconstitucionalidade: medida cautelar: L. estadual (RS) 11.475, de 28 de abril de 2000, que introduz alterações em leis estaduais (6.537/73 e 9.298/91) que regulam o procedimento fiscal administrativo do estado e a cobrança judicial de créditos inscritos em dívida ativa da fazenda pública estadual, bem como prevê a dação em pagamento como modalidade de extinção de crédito tributário.
>
> I — *Extinção de crédito tributário, criação de nova modalidade (dação em pagamento) por lei estadual: possibilidade do estado-membro estabelecer regras específicas de quitação de seus próprios créditos tributários.*
>
> *Alteração do entendimento firmado na ADInMC 1.917-DF, 18.12.98, Marco Aurélio, DJ 19.09.2003: consequente ausência de plausibilidade da alegação de ofensa ao art. 146, III, b, da Constituição Federal, que reserva à lei complementar o estabelecimento de normas gerais reguladoras dos modos de extinção e suspensão da exigibilidade de crédito tributário.*

---

[20] STF. Pleno. Medida Cautelar em ADIn nº 2.405-1/RS. Relator Min. Carlos Britto. j. 06.11.2002. *DJ*, 17 fev. 2006.

II — Extinção do crédito tributário: moratória e transação: implausibilidade da alegação de ofensa dos artigos 150, §6º e 155, §2º, XII, g, da CF, por não se tratar de favores fiscais.

III — Independência e separação dos poderes: processo legislativo: iniciativa das leis: competência privativa do chefe do Executivo.

Plausibilidade da alegação de inconstitucionalidade de expressões e dispositivos da lei estadual questionada, de iniciativa parlamentar, que dispõem sobre criação, estruturação e atribuições de órgãos específicos da administração pública, criação de cargos e funções públicos e estabelecimento de rotinas e procedimentos administrativos, que são de iniciativa reservada ao chefe do Poder Executivo (CF, art. 61, §1º, II, e), bem como dos que invadem competência privativa do chefe do Executivo (CF, art. 84, II). Consequente deferimento da suspensão cautelar da eficácia de expressões e dispositivos da lei questionada.

IV — Participação dos municípios na arrecadação de tributos estaduais.

1. IPVA — Interpretação conforme, sem redução de texto, para suspensão da eficácia da aplicação do §3º do art. 114, introduzido na L. 6.537/73 pela L. 11.475/2000, com relação ao IPVA, tendo em vista que, ao dispor que *"na data da efetivação do respectivo registro no órgão competente deverá ser creditado, à conta dos municípios, 25% do montante do crédito tributário extinto"*, interfere no sistema constitucional de repartição do produto da arrecadação do IPVA (50%).

2. Deferimento da suspensão cautelar do §3º do art. 4º da L. 11.475/2000 (*"os títulos recebidos referentes às parcelas pertencentes aos municípios, previstas no inciso IV do art. 158 da Constituição Federal, serão convertidos em moeda corrente nacional e repassados a esses pela Secretaria da Fazenda, no dia do resgate dos certificados"*),

pois a norma deixa ao estado a possibilidade de somente repassar aos municípios os 25% do ICMS só quando do vencimento final do título, que eventualmente pode ter sido negociado.

V — Precatório e cessão de crédito tributário: plausibilidade da alegação de ofensa ao art. 100, da CF, pelos arts. 5º e seu parágrafo único e 6º, ambos da lei impugnada, que concedem permissão para pessoas físicas cederem a pessoas jurídicas créditos contra o estado decorrentes de sentença judicial, bem como admitem a utilização destes precatórios na compensação dos tributos: deferimento da suspensão cautelar dos mencionados preceitos legais.

VI — Licitação (CF, art. 37, XXI) não ofende o dispositivo constitucional, o art. 129 da L. 6.537/73 c/a red. L. 11.475/00, que autoriza a alienação dos bens objetos de dação por valor nunca inferior ao que foi recebido e prevê a aquisição de tais bens por município, mediante o pagamento em prestações a serem descontadas das quotas de participação do ICMS.

VII — Demais dispositivos cuja suspensão cautelar foi indeferida.

Disso se conclui que, a rigor, o Supremo Tribunal Federal tem se posicionado no sentido de admitir a quitação de débitos tributários por meio da dação em pagamento, mas apenas mediante a oferta de bens imóveis, na forma como prevista no inciso XI do art. 156 do CTN, remetendo-se à lei ordinária a regulamentação da forma e das condições em que se dará tal extinção do crédito.

Que não constitua sanção de ato ilícito

O tributo não se confunde com as penalidades pecuniárias nem com as multas fiscais, embora possamos classificar ambos como receitas de natureza compulsória.

Torres (2003:291), ao distinguir as penalidades pecuniárias e as multas fiscais dos tributos, leciona que as primeiras, embora constituam prestações compulsórias, "têm a finalidade de garantir a inteireza da ordem jurídica tributária contra prática de atos ilícitos, sendo destituídas de qualquer intenção de contribuir para as despesas do Estado". O tributo, contrariamente, "é o ingresso que se define primordialmente como destinado a atender às despesas essenciais do Estado".

Outra questão a ser enfrentada refere-se à possibilidade de se tributarem rendimentos auferidos em atividades ilícitas, mesmo não constituindo o tributo sanção de ato ilícito.

Nesse ponto, a maior parte da doutrina defende a aplicação do princípio do *non olet* (não cheira), que significa que o tributo deve incidir também sobre as operações ou atividades ilícitas ou imorais, ou seja, a existência de ilicitude subjacente não afastará a tributação.

Entre os defensores da aplicação do princípio do *non olet*, podemos citar os juristas Falcão (2002:42-46) e Baleeiro (1972:409). Para este último,

> pouco importa, para a sobrevivência da tributação sobre determinado ato jurídico, a circunstância de ser ilegal, ou imoral, ou contrário aos bons costumes, ou mesmo criminoso o seu objeto, como o jogo proibido, a prostituição, o lenocínio, a corrupção, o curandeirismo, o câmbio negro etc.

No mesmo diapasão, Rosa Júnior (2005:203) assinala que "não interessa ao intérprete da definição legal da hipótese de incidência do tributo a *natureza do objeto do ato*, se lícito ou ilícito"; e, mencionando o teor do art. 126 do CTN, complementa que o que importa para o direito tributário é apenas a verificação de que se materializou a situação definida em lei como hipótese de incidência do tributo.

O Supremo Tribunal Federal, ao julgar *habeas corpus*[21] impetrado em razão de acusação de prática de sonegação fiscal de lucro de origem criminosa, assim entendeu:

> Ementa: sonegação fiscal de lucro advindo de atividade criminosa: *non olet*. Drogas: tráfico de drogas, envolvendo sociedades comerciais organizadas, com lucros vultosos subtraídos à contabilização regular das empresas e subtraídos à declaração de rendimentos: caracterização, em tese, de crime de sonegação fiscal, a acarretar a competência da Justiça Federal e atrair pela conexão o tráfico de entorpecentes: *irrelevância da origem ilícita, mesmo quando criminal, da renda subtraída à tributação*. A exoneração tributária dos resultados econômicos de fato criminoso — antes de ser corolário do princípio da moralidade — constitui violação do princípio de isonomia fiscal, de manifesta inspiração ética.[22]

Nesse tópico é crucial a menção da progressividade do IPTU. Entende-se por progressividade o subprincípio da capacidade contributiva[23] (considerada cláusula pétrea), através do qual a lei faz incidir alíquotas mais elevadas de acordo com a elevação da base de cálculo.

Antes da Emenda Constitucional nº 29, de 13 de setembro de 2000, o IPTU era progressivo no tempo em virtude de sua extrafiscalidade, conforme previsão do art. 182, §4º, II, da Constituição Federal. Esclarecemos que o aludido dispositivo é compatível com o art. 3º do CTN, eis que não configura sanção de ato ilícito e sim um incentivo ao cumprimento da função

---

[21] STF. Primeira Turma. HC nº 77.530/RS. Rel. Min. Sepúlveda Pertence. j. 25.08.1998. *DJ*, 18 set. 1998.
[22] Grifo nosso.
[23] A escola paulista entende que a progressividade é um princípio tributário, e não um subprincípio da capacidade contributiva (ver Carvalho, 1993).

social do imóvel, dever constitucional previsto no art. 5º, XXIII, da Constituição Federal.

A Emenda Constitucional nº 29, de 13 de setembro de 2000, que alterou o art. 156, §1º, da Constituição Federal,[24] trouxe outra espécie de progressividade ao IPTU: a progressividade fiscal, que leva em consideração o valor venal do imóvel. O STF se posiciona no sentido de a progressividade guardar reserva constitucional, conforme se depreende de sua Súmula nº 668: "é inconstitucional a lei municipal que tenha estabelecido, antes da Emenda Constitucional nº 29/2000, alíquotas progressivas para o IPTU, salvo se destinada a assegurar o cumprimento da função social da propriedade urbana."

Vale transcrever, ainda, as lições de Amaro (2007:148) sobre o tema:

> A *progressividade* do IPTU referida pela Constituição (na redação original de seu art. 156, §1º c/c o art. 182, §4º, II) nada tinha a ver com a técnica a que se confere aquela denominação. O que a Constituição disciplinava, quanto ao IPTU, era seu *aumento, ao longo dos anos*, como "sanção", no caso de propriedades que não cumprissem com sua função social. Na Emenda Constitucional nº 29/2000, preocupada com medidas de *saúde pública*, foi inserida disposição que alterou o art. 156 para facilitar a progressividade do IPTU "em razão do valor do imóvel", admitindo, ainda, que as alíquotas variem em função da "localização e do uso do imóvel" (art. 156, §1º, I e II, da CF, na redação dada pelo art. 3º da Emenda).

---

[24] Redação original do art. 156, §1º, CF: "o imposto previsto no inciso I poderá ser progressivo, nos termos de lei municipal, de forma a assegurar o cumprimento da função social da propriedade". Nova redação: "sem prejuízo da progressividade no tempo a que se refere o art. 182, §4º, inciso II, o imposto previsto no inciso I poderá: I — ser progressivo em razão do valor do imóvel; e II — ter alíquotas diferentes de acordo com a localização e o uso do imóvel".

Frisa-se que, conforme leciona Telles (2008),

> A aplicação da progressividade das alíquotas do IPTU com base no valor venal do imóvel não viola os princípios da capacidade contributiva ou da isonomia, visto que a presunção de que os proprietários de imóveis de maior valor têm mais capacidade contributiva do que os proprietários de imóveis de menor valor é tão válida quanto a própria presunção de que a propriedade de imóvel indique capacidade contributiva, presunção esta que legitima a cobrança do imposto.

Dessa forma, conclui-se que, caso a progressividade não tenha previsão constitucional, terá efeito de confisco. Ademais, as leis municipais que estabeleciam IPTU progressivo antes da Emenda nº 29, e que não atendem ao disposto no art. 156, §1º, do CTN c/c art. 182, §§2º e 4º, do CTN, na forma da Súmula nº 668 do STF, não foram recepcionadas pela Constituição Federal.

Instituído em lei

Em face do princípio da legalidade, consagrado no art. 150, inciso I, da CR/88, só a lei em sentido formal pode instituir o tributo. Acerca do tema, Brito Machado (2005:53) assinala que, "sendo a lei a manifestação legítima da vontade do povo, por seus representantes nos parlamentos, entende-se que o ser *instituído em lei* significa ser o tributo consentido". Esclarece, ainda, que

> O povo consente que o Estado invada seu patrimônio para dele retirar os meios indispensáveis à satisfação das necessidades coletivas. Mas não é só isto. Mesmo não sendo a lei, em certos casos, uma expressão desse consentimento popular, presta-se o princípio da legalidade para garantir a segurança nas relações

do particular (contribuinte) com o Estado (fisco), as quais devem ser inteiramente disciplinadas em lei, que obriga tanto o sujeito passivo como o sujeito ativo da relação obrigacional tributária.

Em regra, os tributos são instituídos mediante a edição de lei ordinária. Entretanto, em alguns casos, o legislador constitucional condiciona a instituição do tributo à edição de lei complementar. É o que ocorre, por exemplo, com o empréstimo compulsório (art. 148, CR/88), com o imposto de competência residual da União (art. 154, I, CR/88) e com as contribuições sociais residuais (art. 195, §4º, CR/88).

Registre-se que a lei, independentemente do rito formal legislativo a que esteja subordinada, deve conter todos os elementos capazes de identificar a hipótese de incidência em todos os seus aspectos, ou seja, precisa

- descrever o fato tributável;
- definir a base de cálculo e alíquota, ou qualquer outro critério que servirá para a apuração do valor do tributo;
- estabelecer quem figurará como sujeito passivo da obrigação tributária; assim como
- indicar o sujeito ativo da relação obrigacional, caso este seja diverso da pessoa jurídica da qual a lei seja expressão de vontade.

Cobrada mediante atividade administrativa plenamente vinculada

Cobrança, como nos esclarece Pires (1997:21), "é a exigência feita ao sujeito passivo para que ele cumpra a sua obrigação tributária, recolhendo aos cofres públicos a importância relativa ao crédito tributário constituído". Assim, o fato de ser qualificada pelo CTN como atividade plenamente vinculada determina que essa cobrança seja realizada em total obediência aos preceitos normativos que a disciplinam, de modo que, se há um comando legal determinando a realização da cobrança de tributo em face da ocorrência de um fato gerador, não resta ao administrador público outra alternativa senão cobrar o tributo, ou seja, inexiste, *in casu*, qualquer margem de discricionariedade.

Há que se ressaltar que, em virtude de a obrigatoriedade da cobrança do tributo ser realizada na forma da lei, caso a norma contenha lacunas, estas devem ser preenchidas por meio da edição de ato normativo regulamentar, fazendo com que a atividade de cobrança do tributo esteja sempre vinculada. Dessa forma será preservada a observância do disposto no art. 3º do CTN.

A diferença entre os tributos e as demais receitas públicas

A maior parte dos doutrinadores modernos entende que, embora exista uma conexão entre o direito financeiro e o direito administrativo, o primeiro deve ser concebido como ramo autônomo no âmbito do direito público.[25]

Em verdade, o legislador constituinte consagrou a autonomia do direito financeiro, quando atribuiu à União Federal competência para legislar sobre suas normas gerais.[26]

O direito tributário é um sub-ramo do direito financeiro, constituindo hoje um campo específico e autônomo da ciência jurídica. Assim, o direito financeiro compreende:

> o conjunto das normas sobre todas as instituições financeiras — receitas, despesas, orçamento, crédito e processo fiscal — ao

---

[25] Rosa Júnior, 2005; Amaro, 2003; Baleeiro, 2000.
[26] Baleeiro, 2000:2-4.

passo que o direito fiscal, sinônimo de direito tributário, aplica-se contemporaneamente e a despeito de qualquer contraindicação etimológica, ao campo restrito das receitas de caráter compulsório. Regula precipuamente as relações jurídicas entre o fisco, como sujeito ativo, e o contribuinte, ou terceiros como sujeitos passivos.[27]

É importante notar que a arrecadação dos tributos constitui um dos principais instrumentos para a consecução dos objetivos políticos e econômicos do Estado. No entanto, ao lado das receitas tributárias, existem outros ingressos financeiros igualmente importantes para o desenvolvimento do Estado, que são os chamados preços públicos, além daqueles ingressos decorrentes do pagamento de multa.

Segundo o professor Torres (2003:334), as características que diferenciam o tributo dos demais ingressos públicos devem ser buscadas na própria Constituição, daí resultando que

> o tributo é um dever fundamental, ao lado dos deveres militares e do serviço do júri; limita-se pelos direitos fundamentais, através das imunidades e das proibições de privilégio e de confisco previsto no art. 150, já que nasce no espaço aberto pela autolimitação da liberdade; obedece aos princípios da capacidade contributiva (art. 145, §1º) ou do custo-benefício (art. 145, I e III) — aquele informa principalmente os impostos e este, as taxas e as contribuições de melhoria — sendo-lhes a rigor estranhos princípios como os da solidariedade social ou econômica; destina-se a suportar os gastos essenciais do Estado ou as despesas relacionadas com as atividades específicas do estado de direito, vedado o seu emprego para suprir necessidade ou

---

[27] Baleeiro, 2000:5.

cobrir déficit de empresas, fundações ou fundos (art. 167, VII, CF) e excluída do seu conceito a finalidade puramente extrafiscal; emana do poder específico de legislar sobre o tributo no marco do poder distribuído pela Constituição (arts. 145, 148, 149, 150, I e §6º, 153, 154, 155 e 156), inconfundível com o poder genérico de legislar (arts. 5º, II, e 48).

A atividade financeira exercida pelo poder público — parcela emanada de sua soberania — caracteriza-se como o "conjunto de ações do Estado para a obtenção da receita e a realização dos gastos para atendimento das necessidades públicas",[28] em que procura captar, gerir e despender recursos em favor da promoção do próprio interesse público.

O conceito de receita, não obstante permanecer umbilicalmente ligado ao de ingresso, com ele não se confunde, porque os ingressos nada mais são do que recursos que entram nos cofres do Estado a qualquer título, de forma que todo e qualquer recurso que passa a integrar o erário, condicionado ou não à devolução futura, vinculado ou não à despesa anterior, receberá a definição de mera entrada, simples ingresso ou movimento de fundo.[29]

Dessa forma, ingresso se traduz por qualquer recurso que se adiciona aos cofres do Estado, mas que não agregará qualquer elevação ou aumento de divisas, representando mera operação temporária de incremento; enquanto receita corresponde a espécie do gênero ingresso, majorando tais valores em caráter permanente e de forma nova, como ocorre, por exemplo, com doações ao poder público e com os tributos.

---

[28] Torres, 2003:3.
[29] Como exemplos, podemos citar a captação de recursos pelo governo federal junto ao Fundo Monetário Internacional, uma vez que tem a natureza de ingresso porquanto o empréstimo deverá acarretar a devolução futura, ou mesmo a ação de perdas e danos julgada procedente em face de motorista causador de dano ao erário, que será ingresso por se tratar de recurso condicionado a uma despesa anterior.

Nesse sentido, Baleeiro (1984:116) consigna que "receita pública é a entrada que, integrando-se ao patrimônio público sem quaisquer reservas, condições ou correspondência no passivo, vem acrescer seu vulto, como elemento novo e positivo".

Os critérios para classificação da receita pública são de diversos matizes. Bastos (1991:38), por exemplo, divide-a em receitas patrimoniais, tributárias e creditícias. Insta acrescentar que alguns doutrinadores, como Torres (2003:166), as classificam como receitas originárias e derivadas.

O aludido autor, como já mencionado, é partidário da corrente que propõe a divisão da receita pública em receitas derivadas e originárias, definindo aquelas como as que advêm da economia privada — representadas por tributo, ingressos parafiscais e multas — e estas últimas como as que decorrem da exploração do patrimônio público, como compensações financeiras, ingressos comerciais e preços públicos.

As receitas derivadas, por seu turno, decorrem do exercício do poder de império, de forma que o Estado passa a exigir, na qualidade de poder público, a transferência compulsória de parte do patrimônio do particular para o erário. Assim, os ingressos de natureza tributária são integrantes dessa classe da receita pública.

Desse modo, conforme os argumentos até aqui expostos, pode-se concluir que as receitas públicas são constituídas por ingressos provenientes:

- do pagamento, por exemplo, de tributos e multas, que são as chamadas receitas derivadas;
- dos preços públicos, das compensações financeiras e dos ingressos comerciais, que integram as receitas originárias.

A seguir, abordaremos cada uma das espécies de receitas originárias: preços públicos, compensações financeiras e ingressos comerciais.

Preço público

O conceito de preço público, como nos esclarece Torres (2003:169),

> pode ser sintetizado como a prestação pecuniária que, não sendo dever fundamental nem se vinculando às liberdades fundamentais, é exigida sob a diretiva do princípio constitucional do benefício, como remuneração de serviços públicos inessenciais, com base no dispositivo constitucional que autoriza a intervenção no domínio econômico.

Como é possível notar, é muito tênue a linha que separa o conceito de preço público do conceito de taxa de serviço, na medida em que ambos possuem um caráter contraprestacional, de remuneração ao Estado pela prestação de serviços públicos.

Existe notável dificuldade em distinguir as taxas dos preços públicos. Pode-se até dizer que o problema da discriminação entre as taxas e as contraprestações de direito privado é um dos mais delicados do direito financeiro.

Sobre o tema, Moraes (2002:310) discorre que:

> O essencial para o conhecimento do preço público (...) "é saber a opção política do poder público, qual regime jurídico adotado pelo legislador para o custeio da atividade estatal, pois uma mesma atividade pode ser custeada tanto por preço público como por tributo". Diante do problema nitidamente político, por estar na opção do legislador a escolha do tipo de desinvestimento, o ministro Victor Nunes Leal salientou, em palavras dignas de relembrança: "o problema fundamental não é dizer se é taxa ou não é taxa", mas, sim, "determinar de que natureza vai ser explorado determinado serviço".

A fim de solucionar tal questão, foram propostos os mais diversos critérios. Analisaremos, em seguida, a posição adotada pelo Supremo Tribunal Federal.

Com efeito, o Supremo Tribunal Federal, sob a égide da Constituição de 1946, editou o Enunciado nº 545 da súmula da jurisprudência predominante nos seguintes termos: "preços de serviços públicos e taxas não se confundem, porque estas, diferentemente daqueles, são compulsórias e têm sua cobrança condicionada à prévia autorização orçamentária, em relação à lei que as instituiu".

Ocorre que o critério consagrado pela citada súmula não se mostrou capaz de proporcionar a pretendida segurança na distinção entre as duas classes de receitas.

Com efeito, uma receita não se qualifica juridicamente tributária porque seja antes compulsória, mas, justamente ao contrário, é compulsória porque anteriormente é juridicamente qualificada como tributária.

A compulsoriedade manifesta-se como atributo, como efeito, portanto, do caráter tributário, e não pelo contrário, como seu pressuposto ou sua causa suficiente.

Em suma, as taxas não se reconhecem como tais, porque desde antes constituam prestações compulsórias, mas são prestações pecuniárias compulsórias em virtude de uma prévia definição legal como tributo.

Sobre a adoção do critério do regime de pagamento como suficiente para distinguir a taxa do preço público, assim se manifestou Seixas Filho (1990:8-9).

> A partir da utilização de um serviço, o pagamento de um preço torna-se compulsório (salvo expressa dispensa), mesmo que o usuário tenha se servido voluntariamente, concluindo-se, então, que não é o regime jurídico do pagamento que serve para discriminar a taxa do preço público, devendo, portanto, ser

pesquisado o critério distintivo no regime jurídico da prestação do serviço pelo Estado.

O Enunciado nº 545 da súmula do STF também foi criticado por Novelli (1992:20):

> Em conclusão, a compulsoriedade (ou obrigatoriedade) a que alude a Súmula não é, pois, propriamente, a do tributo, mas a que decorre, direta ou indiretamente, seja de uma situação geral de sujeição a um poder (administrativo) de polícia, seja, especificamente, de um vínculo, de um dever de direito público (administrativo) distinto da, e anterior à própria obrigação tributária e, em virtude do qual, o "usuário" (obrigado) vem a ser indiretamente constrangido, no interesse público, à utilização do "serviço", ao recebimento da prestação e, por via de consequência, sendo o "serviço" remunerado, obrigado também ao pagamento, conforme o caso do preço (público) ou do tributo (taxa) que lhe corresponde.

Em verdade, o próprio Supremo Tribunal Federal já afastou a adoção do critério da compulsoriedade, em voto proferido pelo eminente ministro Victor Nunes, ao julgar os embargos no RE nº 54.194:[30]

> o critério da obrigatoriedade é absolutamente ineficiente para caracterização do tributo. (...) No caso presente, é preciso distinguir se a obrigatoriedade resulta do serviço, que se remunera, ou se resulta de outras considerações, vindo a obrigatoriedade da remuneração do serviço por via de consequência. (...) A obrigatoriedade, no caso em exame, de pagar a taxa de água e

---

[30] Cf. STF. Pleno. RE — embargos nº 54.194. Rel. Min. Hermes Lima. j. 25.03.1965. DJ, 23 jun. 1965. RTJ 33/474 e seg.

esgoto não está vinculada ao uso ou não uso do serviço. Resulta de uma imposição de ordem sanitária, segundo a qual quem quer que construa imóvel urbano há de dotar esse imóvel dos serviços de água e esgoto. (...) O que se discute é precisamente isso: saber quando um pagamento obrigatório é taxa ou não é taxa. Não estou sustentando que não possa haver taxa que não seja obrigatória; o que estou sustentando é que há pagamentos obrigatórios, os quais, não obstante, não são taxas.

Hoje, o critério relevante não é mais aquele segundo o qual se deve detectar se o pagamento é voluntário ou compulsório. Em outra decisão proferida pelo pretório excelso, em que se discutia a respeito da natureza da prestação cobrada pela Companhia Municipal de Limpeza Urbana (Comlurb) do Rio de Janeiro pela remoção do lixo dos prédios situados no município, adotou-se um novo critério, considerando deficiente aquele esposado pela Súmula nº 545.

A corte constitucional destacou que é importante verificar se a atividade concretamente executada pelo poder público configura um serviço público ou não. A premissa adotada foi a seguinte: onde houver serviço público, necessariamente haverá taxa, inexistindo opção de o poder público cobrar preço público pela sua prestação.

Vale transcrever a ementa do acórdão proferido pelo Plenário do Supremo Tribunal Federal, no julgamento do RE nº 89.876-RJ (RTJ 98/230),[31] que se tornou *leading case* no assunto:

---

[31] STF. Pleno. RE nº 89.876/RJ. Rel. Min. Moreira Alves. j. 04.09.1980. *DJ*, 10 out. 1980. Registre-se que Flávio Bauer Novelli representou o município do Rio de Janeiro, como seu procurador, defendendo a natureza de preço público da remuneração devida em razão do serviço de remoção de lixo.

Tarifa básica de limpeza urbana.

Em face das restrições constitucionais a que se sujeita a instituição de taxa, não pode o poder público estabelecer, a seu arbítrio, que à prestação de serviço público específico e divisível corresponde contrapartida sob a forma, indiferentemente, de taxa ou de preço público.

Sendo compulsória a utilização do serviço público de remoção de lixo — o que resulta, inclusive, de sua disciplina como serviço essencial à saúde pública —, a tarifa de lixo instituída pelo Decreto nº 196, de 12 de novembro de 1975, do Poder Executivo do município do Rio de Janeiro, é em verdade taxa.

Inconstitucionalidade do referido decreto, uma vez que a taxa está sujeita ao princípio constitucional da reserva legal.

Recurso extraordinário conhecido e provido.

Note-se que, nessa decisão, o critério de distinção está na natureza do serviço prestado, que, sendo "propriamente" público, leva necessariamente à consequência de a remuneração ser por taxa e não por preço público.

A fim de estabelecer um critério material de distinção mais abrangente que o adotado pela Súmula nº 545, destacou, no caso em referência, o eminente ministro Moreira Alves, relator do caso:

> O que importa, no caso, é examinar a natureza do serviço prestado, para saber se é ele um serviço devido pelo poder público (e, portanto, obrigatório para ele), ou se, apenas, este pode ou não prestá-lo, o que implica dizer que a prestação é facultativa para ele e, consequentemente, se ele o presta, o particular tem também a faculdade de usar, ou não, dele. Note-se que essa obrigatoriedade não é [aquela] a que alude a Súmula nº 545 (a de o poder público exigir o pagamento pelo simples fato de o

serviço ser colocado à disposição do particular), mas sim a que decorre do fato de que, se o serviço é propriamente público, pela circunstância de ele por sua natureza mesma ser obrigatório para o poder público (e, portanto, para o particular, já que está em jogo, em primeiro plano, o interesse de toda a coletividade), este não pode, ainda que queira, dispensar dele o particular, e só pode exigir como contrapartida de sua prestação a taxa, com todas as suas restrições constitucionais.[32]

O professor Novelli (1992:22), entretanto, critica o novo critério adotado pelo Supremo Tribunal Federal, eis que não vê maiores distinções entre o entendimento exposto na Súmula nº 545 e aquele encontrado no RE nº 89.876/RJ, fazendo a seguinte ponderação:

> Todavia, a doutrina do RE nº 89.876, a despeito do que afirma o seu eminente relator, não é, *data venia*, substancialmente diversa da que servira de fundamento à Súmula 545. Com efeito, não sendo a compulsoriedade desta última, como demonstramos, a que caracteriza o tributo em si mesmo, mas sim a que decorre de um fato estranho, anterior à relação tributária — e que consiste, já se disse, na demanda "forçada" do serviço, na "imposição" da prestação administrativa — não vemos como distinguir o que, num caso, é chamada "compulsoriedade" (Súmula 545), daquilo que, no RE nº 89.876, se designa como "obrigatoriedade". A verdade é que, tanto num quanto noutro caso, é sempre da atuação necessária do poder público, da "obrigatoriedade" da prestação administrativa, enfim, da utilização "forçada" do serviço — nas próprias palavras do relator: obrigatório para o poder público e indispensável para o particular — é sempre, substancialmente,

---

[32] STF. Pleno. RE nº 89.876/RJ. Rel. Min. Moreira Alves. j. 04.09.1980. *DJ*, 10 out. 1980. RTJ 98/238.

da mesma "compulsoriedade" que se trata e que se pretende deduzir a tributariedade da prestação pecuniária correspondente, identificada assim, só por isso, como taxa. Por outras palavras: em ambos os casos a obrigação pecuniária que corresponde à prestação pública assume, "necessariamente", a figura de obrigação tributária, exclusivamente por constituir o serviço — para usar a própria linguagem do RE nº 89.876 — "função essencial do poder público (no caso a remoção do lixo), ou seja, serviço que tem que ser prestado obrigatoriamente por este, sem poder dispensar dele o particular, (...) porque esse serviço visa indubitavelmente a atender, em plano preferencial, ao interesse da coletividade (...) e, somente em plano secundário, ao interesse do particular".

Ademais, destaca-se a decisão proferida pelo STJ, em que o aludido tribunal entende que a contraprestação cobrada por concessionárias de água e esgoto tem natureza jurídica de preço público:

> Tributário — embargos de divergência — contraprestação cobrada pelo serviço de água e esgoto — natureza jurídica de tarifa — precedentes do STJ e STF
>
> 1. Este Superior Tribunal, encampando entendimento sedimentado no pretório excelso, firmou posição no sentido de que a contraprestação cobrada por concessionárias de serviço público de água e esgoto detém natureza jurídica de tarifa ou preço público.
>
> 2. Definida a natureza jurídica da contraprestação, também se definiu pela aplicação das normas do Código Civil.
>
> 3. A prescrição é vintenária, porque regida pelas normas do Direito Civil.
>
> 4. Embargos de divergência providos.[33]

---

[33] EREsp nº 690.609/RS. Rel. Min. Eliana Calmon. j. 26.03.2008. *DJ*, 7 abr. 2008.

Ademais, insta destacar que a Segunda Turma do STJ entendeu incabível a cobrança de "taxa" (CTN, art. 77) por uso potencial de sistema público de esgoto sanitário, nos casos em que a companhia de esgoto não dispunha de sistema de tratamento que atendesse aos imóveis em questão, cujo condomínio tem estação própria de tratamento de esgoto, de acordo com os padrões ambientais da fundação estadual responsável pela disciplina da engenharia de meio ambiente.[34]

Outrossim, conforme noticiado no Informativo nº 357, a Primeira Turma do STJ entendeu que a concessionária de transporte ferroviário não tem capacidade tributária ativa a ponto de instituir a cobrança de tributo (taxa) pela utilização do subsolo (permissão de passagem de gasodutos) da faixa territorial cujo domínio detém. Porém se permite a cobrança de tarifa pela prestação do serviço de transporte de pessoas ou cargas, o que não veio à discussão nos autos do "REsp 954.067-RJ, Rel. Min. José Delgado, julgado em 27.05.2008".

Como é possível perceber, a substituição, pela corte constitucional, do critério da obrigatoriedade da remuneração pelo critério que busca destacar a natureza do serviço prestado não foi suficiente para colocar, de modo satisfatório, um ponto final na discussão.

Em verdade, tal critério é alvo de críticas, persistindo assim a busca por um critério científico suficientemente preciso e objetivo que possa distinguir os dois institutos em estudo.

Para demonstrar a árdua tarefa de distinguir as taxas dos preços públicos e a verdadeira *babel de enfoques*, Fernandes de Oliveira (1994:104) enumera as diversas conclusões alcançadas pelos autores que dissertam sobre a distinção entre a taxa e o preço público:

---

[34] STJ. Segunda Turma. REsp nº 1.032.975/RJ. Rel. Min. Castro Meira. j. 01.04.2008. *DJ*, 15 abr. 2008.

Alcides Jorge Costa esclarece, *de lege ferenda*, deveriam "excluir-se do campo das taxas os serviços denominados industriais, como, p. ex., o fornecimento de água, correios e telégrafos" ("Taxa e preço público", *Caderno 10/5*), mas reconhece a dificuldade no tratamento do tema. Américo Lourenço Masset Lacombe é taxativo: "sempre que o Estado exige uma prestação como decorrência de um serviço público prestado ou posto à disposição do obrigado, estaremos diante de uma taxa" (idem, p. 15). No mesmo sentido a posição de Aurélio Pitanga Seixas Filho (idem, p. 28), distinguindo taxa e preço em razão do regime jurídico. Carlos da Rocha Guimarães busca no serviço o critério distintivo (idem, p. 42). Edvaldo Brito sustenta tratar-se de taxa sempre que se destinar, a atividade do Estado, para custear função pública, seja qual for o instrumento utilizado (idem, p. 77). Gilberto de Ulhôa Canto calca seu critério de enfoque da matéria sob o ângulo da "natureza das atividades, sob o prisma da inerência às funções do Estado" (idem, p. 90). Hamilton Dias de Souza e Marco Aurélio Greco alteram, ligeiramente, sua posição anterior, admitindo que o legislador possa disciplinar o serviço, à sua maneira, mas afirmando que, se o fizer, entendendo-o como serviço público, a remuneração será taxa (idem, p. 124 e 125).

Hugo de Brito Machado afirma que não é razoável admitir que o poder público preste, diretamente, serviços remunerados mediante preço (idem, p. 149). Ives Gandra da Silva Martins firma suas conclusões em admitir relação de subordinação e falta de alternativa da utilização, por parte do usuário, do serviço público (idem, p. 178). José Eduardo Soares de Melo esclarece que as taxas remuneram serviços públicos previstos constitucionalmente, enquanto que os preços remuneram os serviços prestados sob regime de direito privado (idem, p. 201). Sacha Calmon Navarro Coêlho submete a taxa aos princípios da anterioridade e legalidade, enquanto que os preços públicos podem ser fixados e cobrados compulsoriamente, caindo por terra a falácia de que são sempre definidos pelo mercado (idem, p. 223). Toshio Mukai fala na função essencial do poder público para identificar a taxa (idem, p. 247). Wagner Balera coloca o problema no provir a taxa de lei e o preço de acordo de vontades (idem, p. 267). Yves José Miranda Guimarães afirma que o preço público tem em vista o regime jurídico público, equivalente a tributo (idem, p. 317). Zelmo Denari afirma que as taxas são tributos vinculados à atuação estatal, enquanto os preços são receitas expressivas de serviços prestados por entidades governamentais ou concessionárias de serviço (idem, p. 346).

A preocupação da doutrina se justifica na medida em que chamar de "preço público" o que, em verdade, é "taxa" ocasiona a instituição de um "novo tributo", sem que esse "novo tributo" esteja obrigado a se submeter ao regime constitucional tributário.

Compensações financeiras

De acordo com o art. 20, §1º, CR/88, a compensação financeira (regulada pela Lei Federal nº 7.990, de 28 de dezembro de 1989) — ingresso patrimonial que tem natureza de receita originária — é devida aos estados, Distrito Federal, municípios e órgãos da administração direta da União em decorrência da exploração de petróleo ou gás natural, de recursos hídricos para fins de geração de energia elétrica e de outros recursos minerais no respectivo território, plataforma continental, mar territorial ou zona econômica exclusiva. Honorato dos Santos (2001:31) afirma que

> Os *royalties* constituem compensação financeira devida, principalmente, a estado, Distrito Federal e municípios pelos

concessionários de exploração e produção de petróleo ou gás natural, e serão pagos mensalmente, com relação a cada campo, a partir do mês em que ocorrer a respectiva data de início da produção, vedadas quaisquer deduções.

As compensações financeiras são devidas, portanto, pelos concessionários de exploração e produção de petróleo ou gás natural em razão da perda dos recursos naturais encontrados em seus territórios, e têm, nesse caso, natureza indenizatória.[35]

Outra justificativa para o pagamento das compensações financeiras decorre das "despesas que as empresas exploradoras de recursos naturais causam aos poderes públicos, que se veem na contingência de garantir a infraestrutura de bens e serviços e a assistência às populações envolvidas em atividades econômicas de grande porte".[36]

Ingressos comerciais

Na forma do art. 173 da CR/88, é permitida ao Estado a exploração direta de atividade econômica, quando necessária aos imperativos de segurança nacional ou a relevante interesse coletivo.

Ingressos comerciais são aqueles que se originam da exploração de monopólios e da manutenção de empresas estatais (por exemplo, os correios e telégrafos), bem como da exploração do negócio de loterias ou concessão deste para a exploração por terceiros (por exemplo, lotos e concursos de prognósticos).[37]

---

[35] Torres, 2003:171.
[36] Ibid.
[37] Ibid., p. 172.

Os ingressos comerciais obtidos pelo Estado na exploração dessas atividades econômicas (intervencionismo estatal) são classificados como receita originária, eis que também decorrem da exploração do patrimônio do Estado.

Questões de automonitoramento

1. Após ler este capítulo, você é capaz de resumir o caso gerador, identificando as partes envolvidas, os problemas atinentes e as possíveis soluções cabíveis?
2. Analise todos os elementos do conceito de tributo.
3. Qual a principal diferença entre tributo e as demais receitas públicas?
4. Diferencie tributo de preço público.
5. Diferencie tributo das demais compensações financeiras.
6. Pense e descreva, mentalmente, outras alternativas para a solução do caso gerador.

2

As espécies tributárias

Caso gerador

A Lei nº 10.668/03 conferiu nova redação ao §3º do art. 8º da Lei nº 8.029/90, que instituiu a contribuição ao Sebrae, assim estabelecendo:

> §3º Para atender à execução de políticas de promoção de exportações e de apoio às micro e às pequenas empresas, é instituído adicional às alíquotas das contribuições sociais relativas às entidades de que trata o artigo 1º do DL 2.318, de 30.12.1986.

A empresa "Alfa" ingressou com ação judicial questionando a cobrança da referida exação, valendo-se de dois argumentos principais:

- necessidade de instituição da contribuição por meio de lei complementar;
- impossibilidade de as empresas de médio e grande portes sofrerem a referida tributação, tendo em conta que o Sebrae

tem natureza de típica contribuição corporativa, instituída no interesse de categorias profissionais e econômicas. Assim, somente podem ser indicadas como sujeito passivo as pessoas jurídicas que forem beneficiadas (ainda que indiretamente) com o produto da arrecadação.

As alegações da empresa merecem acolhida?

Roteiro de estudo

Introdução

O capítulo I do título VI da Constituição da República de 1988 (arts. 145 a 162) disciplina o sistema tributário nacional, que, nas palavras de Baleeiro (1984:221),

> deve ser produtivo, elástico, compatível com a renda nacional e com as ideias de justiça da época. Há de reservar à competência nacional os impostos de base mais larga (renda, consumo, alfândega). Convirá evitar a bitributação (...). Deverá resguardar o comércio interestadual contra discriminações.

Inseridas em nosso sistema tributário encontram-se diversas espécies de exações, cuja classificação é alvo de divergência entre inúmeros doutrinadores. Como a seguir se verá, há autores que defendem a existência de apenas duas espécies tributárias (impostos e taxas); outros acrescem a essas espécies a contribuição de melhoria.

Há, também, aqueles que sustentam que a contribuição deve ser entendida em sentido *lato*, abrangendo contribuições de melhoria e contribuições especiais. Por último, tem-se a teoria majoritária segundo a qual são cinco as espécies tributárias: impostos, taxas, contribuição de melhoria, contribuições especiais e empréstimo compulsório.

Becker (1972:371) afirma a existência de apenas duas espécies de tributo, adotando *a teoria bipartida*: imposto e taxa. Para ele, enquanto as taxas têm a sua base de cálculo representada por um serviço estatal ou coisa estatal, a base de cálculo dos impostos é um fato lícito qualquer, não consistente em serviço estatal ou coisa estatal.

No mesmo sentido, Ataliba (1973:139) sustenta existirem apenas duas espécies de tributo: vinculados ou não vinculados a uma ação estatal. Quando inexistir essa vinculação, tratar-se-á de impostos, tributos não vinculados. Entretanto, caracterizada a vinculação do tributo à atuação do Estado, tem-se a taxa ou contribuição. Em verdade, na sua ótica, a diferença entre as taxas e as contribuições estaria em que as taxas têm por base imponível uma dimensão da atuação estatal; já a verdadeira contribuição teria uma base designada por lei representada por uma medida (um aspecto dimensível) do elemento intermediário, posto como causa ou efeito da atuação estatal.

Discordando da teoria bipartida, Navarro Coêlho (2006:398) enumera três espécies tributárias (*teoria tripartida*: tributos vinculados ou não à atuação estatal): imposto, taxa e contribuição de melhoria (art. 145, CR/88). O tributo terá natureza de imposto sempre que a sua exigência não esteja vinculada a uma atuação do Estado em favor do contribuinte. De modo diverso, o tributo terá natureza de taxa e/ou contribuição de melhoria sempre que a sua exigência esteja vinculada a uma atividade do Estado em função da pessoa do contribuinte (taxa vinculada ao exercício do poder de polícia ou à prestação de um serviço público específico e indivisível; contribuição de melhoria, vinculada à elaboração de obra pública que gere uma valorização imobiliária em favor do contribuinte).

Desse modo, se o fato gerador de uma contribuição social ou empréstimo compulsório estiver vinculado a uma atuação estatal em favor do contribuinte, estaremos diante de uma taxa.

Caso contrário, a contribuição intitulada como parafiscal e o empréstimo compulsório terão natureza de imposto. Torres (2004:369), por seu turno, adota a *teoria quadripartida*, considerando que outras contribuições ingressaram no rol dos tributos, devendo-se levar em conta para tal classificação os arts. 148 e 149 da CR/88. Assim, o tributo é gênero em que são espécies o imposto, a taxa, as contribuições e o empréstimo compulsório.

Para o citado autor, cujo entendimento é partilhado pelo ministro do Supremo Tribunal Federal Carlos Velloso,[38]

> as contribuições sociais, de intervenção no domínio econômico e de interesse de categorias profissionais ou econômicas, referidas no art. 149, devem se amalgamar conceptualmente às contribuições de melhoria mencionadas no art. 145, III, subsumindo-se todas no conceito mais amplo de contribuições especiais.

A teoria majoritária, no entanto, que está, inclusive, em consonância com o entendimento do Supremo Tribunal Federal,[39] é a *teoria quinquipartida*, defendida, entre outros, por Brito Machado (2002:57), para quem, em nosso sistema tributário nacional, encontram-se cinco espécies tributárias, a saber: os impostos, as taxas, as contribuições de melhoria, as contribuições especiais e os empréstimos compulsórios.

---

[38] STF. Pleno. RE nº 138.284/CE. Rel. Min. Carlos Velloso. j. 01.07.1992. *DJ*, 28 ago. 1992.
[39] STF. Pleno. RE nº 146.733-9/SP. Rel. Min. Moreira Alves. j. 29.06.1992. *DJ*, 6 nov. 1992. O ministro Moreira Alves, ao externar seu voto no julgamento desse recurso extraordinário, afirmou que, "a par das três modalidades de tributos (os impostos, as taxas e as contribuições de melhoria) a que se refere o artigo 145 para declarar que são competentes para instituí-los a União, os estados, o Distrito Federal e os municípios, os artigos 148 e 149 aludem a duas outras modalidades tributárias, para cuja instituição só a União é competente: o empréstimo compulsório e as contribuições sociais, inclusive as de intervenção no domínio econômico e de interesse das categorias profissionais ou econômicas".

Assim como a teoria quadripartida, a teoria quinquipartida se utiliza do argumento topográfico para justificar seu entendimento.

Registre-se que a aptidão para discriminar as diversas espécies de tributos e, portanto, identificar, num determinado caso concreto, de que espécie se está tratando se mostra relevante, na medida em que permite distinguir o regime jurídico ao qual se submete a hipótese, porquanto, como exemplifica Paulsen (2007:31),

> a União não pode criar dois impostos com mesmo fato gerador e base de cálculo, nem duas contribuições com mesmo fato gerador e base de cálculo; mas não há óbice constitucional a que seja criada contribuição social com fato gerador idêntico a de imposto já existente. Indispensável, pois, surgindo uma exação, conseguir-se saber com segurança se se cuida de um novo imposto ou de uma nova contribuição.

Superado esse primeiro ponto, passa-se à análise das diversas espécies tributárias identificadas pela teoria quinquipartida.

Imposto

Conceito

O art. 16 do CTN define o imposto como o "tributo cuja obrigação tem por fato gerador uma situação independente de qualquer atividade estatal específica, relativa ao contribuinte".

Assim, o contribuinte está obrigado a pagar o imposto, não porque existe, em contrapartida, uma atuação estatal que lhe é especificamente dirigida (serviço público, exercício do poder de polícia ou obra pública), mas sim em razão da manifestação de riqueza representada pelos vários signos escolhidos pelo legislador, quando da definição do fato gerador do imposto. Por essa razão, Ataliba (1973) chama o imposto de tributo não vinculado.

O imposto sempre tem por hipótese de incidência "ou um comportamento do contribuinte"[40] (o IR, por exemplo, é exigido em razão do fato de a pessoa auferir renda), ou "uma situação jurídica na qual ele se encontra"[41] (por exemplo, a situação de ser proprietário de um imóvel faz nascer a exigência de pagamento de IPTU em favor do município no qual se encontra esse imóvel).

Outra característica típica do imposto é que o produto originado de sua arrecadação não pode ser vinculado a órgão, fundo ou despesa, salvo as exceções previstas expressamente no art. 167, IV, da CR/88, regra também chamada de não afetação das receitas dos impostos e cujo enunciado se traduz numa vedação dirigida ao legislador.

A propósito, destaca-se a ementa de acórdão proferido pelo Pleno do Supremo Tribunal Federal no julgamento de recurso extraordinário[42] no qual se questionava a constitucionalidade de lei estadual que majorou alíquota do ICMS, vinculando o produto da arrecadação adicional a órgão específico que iria empregar esse recurso na construção de casas próprias, *verbis*:

> Imposto — vinculação a órgão, fundo ou despesa. A teor do disposto no inciso IV do artigo 167 da Constituição Federal, é vedado vincular receita de impostos a órgão, fundo ou despesa. A regra apanha situação concreta em que lei local implicou majoração do ICMS, destinando-se o percentual acrescido a um

---

[40] Carraza, 1997a:308.
[41] Ibid.
[42] STF. Pleno. RE nº 183.906/SP. Rel. Min. Marco Aurélio. j. 18.09.1997. *DJ*, 30 abr. 1998.

certo propósito — aumento de capital de caixa econômica, para financiamento de programa habitacional. Inconstitucionalidade dos artigos 3º, 4º, 5º, 6º, 7º, 8º e 9º da Lei nº 6.556, de 30 de novembro de 1989, do estado de São Paulo.

No mesmo sentido, o pretório excelso se manifestou, por exemplo, quando da apreciação da ADI nº 1.689/PE [43] e 3.576/RS,[44] cujas respectivas ementas ora se transcrevem:

> Ação direta de inconstitucionalidade. Lei estadual 12.223, de 03.01.05. Fundo Partilhado de Combate às Desigualdades Sociais e Regionais do Estado do Rio Grande do Sul. Concessão de crédito fiscal presumido de ICMS correspondente ao montante destinado ao fundo pelas empresas contribuintes do referido tributo. Alegação de ofensa ao art. 155, §2º, XII, g, da Constituição Federal. Inocorrência. Causa de pedir aberta. Art. 167, IV, da Carta Magna. Vinculação de receita proveniente da arrecadação de imposto a fundo específico. Vedação expressa. 1. Alegação de ofensa constitucional reflexa, manifestada, num primeiro plano, perante a LC 24/75, afastada, pois o que se busca, na espécie, é a demonstração de uma direta e frontal violação à norma expressamente prevista no art. 155, §2º, XII, g, da Constituição Federal, que proíbe a outorga de isenção, incentivo ou benefício fiscal em matéria de ICMS sem o consenso da Federação. Precedentes: ADI 1.587, rel. Min. Octavio Gallotti, e ADI 2.157-MC, rel. Min. Moreira Alves. 2. O diploma impugnado não representa verdadeiro e unilateral favor fiscal conferido a determinado setor da atividade econômica local,

---

[43] STF. Pleno. ADI nº 1.689/PE. Rel. Min. Sydney Sanches. j. 12.03.2003. *DJ*, 2 maio 2003.
[44] STF. Pleno. ADI nº 3.576/RS. Rel. Min. Ellen Gracie. j. 22.11.2006. *DJ*, 2 fev. 2007.

pois, conforme consta do *caput* de seu art. 5º, somente o valor efetivamente depositado a título de contribuição para o fundo criado é que poderá ser deduzido, na forma de crédito fiscal presumido, do montante de ICMS a ser pago pelas empresas contribuintes. 3. As normas em estudo, ao possibilitarem o direcionamento, pelos contribuintes, do valor devido a título de ICMS para o chamado Fundo Partilhado de Combate às Desigualdades Sociais e Regionais do Estado do Rio Grande do Sul, compensando-se, em contrapartida, o valor despendido sob a forma de crédito fiscal presumido, criaram, na verdade, um mecanismo de redirecionamento da receita de ICMS para a satisfação de finalidades específicas e predeterminadas, procedimento incompatível, salvo as exceções expressamente elencadas no art. 167, IV, da Carta Magna, com a natureza dessa espécie tributária. Precedentes: ADI 1.750-MC, rel. Min. Nelson Jobim, ADI 2.823-MC, rel. Min. Ilmar Galvão e ADI 2.848-MC, rel. Min. Ilmar Galvão. 4. Ação direta cujo pedido se julga procedente.

Direito constitucional. Lei orçamentária: Iniciativa. Vinculação de receita. Autonomia municipal. Assistência à criança e ao adolescente. Ação direta de inconstitucionalidade do parágrafo único do art. 227 da Constituição do estado de Pernambuco, que dispõem: "art. 227. O estado e os municípios promoverão programas de assistência integral à criança e ao adolescente, com a participação deliberativa e operacional de entidades não governamentais, através das seguintes ações estratégicas: I - ... II - ... III- ... IV - ... V - ... Parágrafo único - Para o atendimento e desenvolvimento dos programas e ações explicitados neste artigo, o estado e os municípios aplicarão anualmente, no mínimo, o percentual de um por cento dos seus respectivos orçamentos gerais". Alegação de que tais normas implicam violação aos artigos 18, "caput", 25, "caput", 30, III, 61, §1º, II, "b", e 167, IV, todos da Constituição Federal de 1988. 1. A prefeitura municipal de Recife, ao provocar a propositura da presente ação direta de inconstitucionalidade, pela Procuradoria Geral da República, não pretendeu se eximir da responsabilidade, que também lhe cabe, de zelar pela criança e pelo adolescente, na forma do art. 227 da Constituição Federal e do artigo 227, "caput", e seus incisos da Constituição estadual. Até porque se trata de "dever do Estado", no sentido amplo do termo, a abranger a União, os estados, o Distrito Federal e os municípios. 2. Sucede que, no caso, o parágrafo único do art. 227 da Constituição estadual estabelece, para tal fim, uma vinculação orçamentária, ao dizer: "para o atendimento e desenvolvimento dos programas e ações explicitados neste artigo, o estado e os municípios aplicarão, anualmente, no mínimo, o percentual de um por cento dos seus respectivos orçamentos gerais". 3. Mas a Constituição Federal atribui competência exclusiva ao chefe do Poder Executivo (federal, estadual e municipal), para a iniciativa da lei orçamentária anual (artigo 165, inciso III). Iniciativa que fica cerceada com a imposição e automaticidade resultantes do texto em questão. 4. Por outro lado, interferindo no orçamento dos municípios, não deixa de lhes afetar a autonomia (art. 18 da CF), inclusive no que concerne à aplicação de suas rendas (art. 30, inc. III), sendo certo, ademais, que os artigos 25 da parte permanente e 11 do ADCT exigem que os estados se organizem, com observância de seus princípios, inclusive os relativos à autonomia orçamentária dos municípios. 5. Ademais, o inciso IV do art. 167 da Constituição Federal, hoje com a redação dada pela EC nº 29, de 14.09.2000, veda "a vinculação de receita de impostos a órgão, fundo ou despesa, ressalvadas a repartição do produto da arrecadação dos impostos a que se referem os arts. 158 e 159, a destinação de recursos para as ações e serviços públicos de saúde e para manutenção e desenvolvimento do ensino, como determinado, respectivamente, pelos artigos 198, §2º, e 212, e a prestação de garantias às operações de crédito por antecipação de receita, previstas no art. 165, §8º, bem como o disposto no §4º deste artigo". A vedação é afastada, portanto, apenas nas hipóteses expressamente ressalvadas, que não abrangem os programas de assistência integral à criança e ao adolescente. É que, quanto a isso, o inciso IV do art. 167 da Constituição Federal encerra norma específica, fazendo ressalva expressa apenas das hipóteses tratadas nos artigos 198, §2º (Sistema Único de Saúde) e 212 (para manutenção e desenvolvimento do ensino). 6. De qualquer maneira, mesmo que não se considere violada a norma do art. 168, inciso IV, da CF, ao menos a do art. 165, inciso III, resta inobservada. Assim, também, a relativa à autonomia dos municípios, quanto à aplicação de suas rendas. 7. Ação direta julgada procedente, declarando-se a inconstitucionalidade do parágrafo único do art. 227 da Constituição do estado de Pernambuco.

Dessa forma, como já reconheceu reiteradamente o STF, será inconstitucional a lei que pretender vincular o produto de arrecadação de um imposto a finalidades específicas que não aquelas ressalvadas pelo art. 167, inciso IV, da CR/88.

Classificação

Embora a Constituição da República de 1988 não tenha classificado explicitamente os impostos, a doutrina traz uma série de classificações que, inclusive, podem ser utilizadas, genericamente, para os tributos. A seguir, elencam-se algumas dessas classificações.[45]

Primeiramente, destaca-se que os impostos podem ser classificados de acordo com o sistema em que se inserem. Assim,

---

[45] Amaro, 2003:87-92; Torres, 2004:371.

podem ser *federais*, *estaduais* ou *municipais*, conforme o ente federativo ao qual a Constituição tenha atribuído competência tributária.

Note-se que tanto os impostos estaduais quanto os municipais estão inseridos na órbita de competência do Distrito Federal, como preceituam os arts. 147 e 155 da CR/88, sendo digno também de registro que, na hipótese de haver território federal instituído, competirão à União os impostos estaduais e, caso tal território não venha a ser dividido em municípios, também serão de competência da União os impostos municipais.

Uma segunda possibilidade classificatória é considerar que o imposto pode ter finalidade *fiscal* (arrecadatória) ou finalidade *extrafiscal*, também chamada de finalidade híbrida, em que se conjugam fins fiscais e regulatórios. Se a finalidade da instituição do imposto é abastecer os cofres públicos, diz-se que esse imposto possui finalidade arrecadatória ou fiscal. Mas é possível que a instituição do imposto tenha por objetivo estimular ou desestimular determinados comportamentos, fazendo com que o imposto tenha uma finalidade extrafiscal.

A verificação da eventual presença da característica de extrafiscalidade num tributo depende, pois, da análise da função que ele exerce no campo do sistema tributário nacional. A rigor, pode-se sustentar, como mencionamos, que, caso o objetivo principal do tributo seja basicamente carrear recursos financeiros para o Estado, nele identifica-se a função meramente fiscal; por outro lado, se a tributação serve como instrumento de intervenção no domínio econômico, interferindo na economia privada, estimulando atividades, desestimulando o consumo de determinado bem, ou mesmo traduz-se como auxílio para a consecução das ações públicas de natureza urbanística, nela estará presente a função extrafiscal, ou seja, outra que não apenas a arrecadatória.

O professor Schoueri (2005) usa a expressão "normas tributárias indutoras de condutas" para designar as regras jurídico-tributárias cujo objetivo não é exclusivamente acrescer a arrecadação. Na realidade, o Estado dispõe de grande variedade de instrumentos destinados a orientar os comportamentos dos cidadãos. Pode fazê-lo, por exemplo, pela criação de tipos penais, pela disciplina de polícia administrativa, quando as condutas são entendidas como socialmente mais danosas, interditando de modo mais direto o âmbito da liberdade individual. Pode também fazê-lo através de medidas tributárias que desestimulam a realização do fato gerador pelo adicional de custos que aquela hipótese representa, como, por exemplo, ao tributar bebidas e cigarros.

A opção política *in concreto* do Estado pela utilização de um mecanismo ou de outro relaciona-se diretamente com o princípio da proporcionalidade. Ou seja, encontra limites apenas na articulação entre a necessidade da intervenção, sua adequação e proporcionalidade em sentido estrito.

Contudo, tecnicamente, tal assertiva merece ajuste, eis que inexiste no campo do direito tributário essa visão totalmente apartada. Fato é que a tributação é concebida como um todo unitário, tanto refletindo a preocupação do poder público com questões afetas à arrecadação quanto servindo a ações governamentais capazes de atingir direta ou indiretamente a vida econômica da população.

Gouvêa (2006:5) leciona que "não há (...) qualquer dissociação absoluta entre fiscalidade e extrafiscalidade, de modo que tanto a grande estrutura do sistema tributário quanto as medidas fiscais isoladas têm igual preocupação arrecadatória e não arrecadatória".

Da mesma forma, partindo da ideia de que o período moderno é caracterizado pelas finanças funcionais, em outras palavras, pelo exercício de uma atividade financeira estatal orientada no sentido de influir diretamente a conjuntura econômica, Rosa Júnior (2005:6) assevera que, "quando o Estado utiliza o tributo com fim extrafiscal, isso não significa que desapareça a intenção de auferir receita, pois esta persiste, embora de forma secundária".

Um exemplo típico da extrafiscalidade imanente a um tributo é a hipótese contida no art. 182, §4º, II, da CR/88, que, ao dispor sobre a política urbana, faculta ao poder público municipal, mediante lei específica e observados os requisitos normativos aplicáveis à espécie, instituir o IPTU progressivo no tempo. Tal exação, portanto, serve diretamente como instrumento de intervenção estatal no domínio social, com a finalidade de garantir o cumprimento da função social da propriedade pugnada pelo nosso ordenamento constitucional. Os impostos sobre o comércio exterior, por seu turno, também são essencialmente extrafiscais.[46]

Há de se ressaltar ainda a classificação que distingue os impostos *pessoais* dos *reais*. Os impostos pessoais são aqueles que levam em consideração as características pessoais do contribuinte (nível de renda, família), não havendo possibilidade de se repassar o encargo a terceiros. Os impostos reais, diferentemente, são cobrados levando-se em consideração aspectos objetivos, independentemente dos aspectos pessoais do contribuinte. Em geral são repassados a terceiros (os chamados contribuintes de fato).

O art. 145, §1º, da CR/88 preceitua que, "sempre que possível, os impostos terão caráter pessoal e serão graduados segundo a capacidade econômica do contribuinte". O citado dispositivo constitucional revela que a pessoalidade dos impostos contribui para uma tributação mais justa, em que as condições pessoais do contribuinte devem ser levadas em consideração para que se estabeleça maior ou menor tributação.

---

[46] Moraes, 2002:443-444.

Note-se que não existe liberdade para o legislador infraconstitucional instituir impostos pessoais ou reais. O texto constitucional é firme ao dizer que o imposto somente terá caráter real quando não for possível atribuir-lhe caráter pessoal. Nesse sentido, vale recorrer aos ensinamentos de Oliveira (1991:48):

> Nesta perspectiva, surge o imposto pessoal como a tributação justa por excelência, pois é através dele que, se preocupando a lei com as condições individuais do sujeito passivo, se enseja melhor pesquisa da efetiva idoneidade econômica do contribuinte para acudir à despesa pública sem sacrifício do indispensável à sua manutenção.
>
> Por esta razão, é de aplaudir-se no particular a fórmula brasileira, tanto na Carta de 1946 como na Constituição de 1988, de dar preferência à tributação pessoal. A cláusula "sempre que isso for possível", constante de ambos os textos, deve ser interpretada no sentido de que, toda vez que se demonstrar que onde há campo de instituição de um imposto pessoal, ainda assim, a lei criar gravame de natureza real, este será inconstitucional, pois a discrição do legislador não pode ir a ponto de boicotar os ditames da Carta Magna, cabendo ao Judiciário, afinal, velar pela prevalência desta sobre a legislação ordinária.

Cabe ainda mencionar a classificação que distingue os impostos *diretos* e *indiretos*. O imposto é direto quando a pessoa que a lei define como contribuinte (contribuinte de direito) é a mesma que de fato suporta o ônus do tributo (contribuinte de fato), tendo como exemplo o imposto de renda. Os impostos indiretos repercutem sobre terceira pessoa, fazendo com que o contribuinte de direito não suporte o ônus econômico do tributo, mas sim o terceiro (contribuinte de fato). São exemplos de impostos indiretos aqueles que gravam o consumo de bens ou serviços, como o imposto sobre produtos industrializados (IPI), o imposto sobre circulação de mercadorias e serviços (ICMS) e o imposto sobre serviços de qualquer natureza (ISS).

Ressaltamos ainda que os impostos podem ser considerados *progressivos* ou *regressivos*. O imposto é progressivo quando proporcional ao aumento da renda do contribuinte, o que aumentará a base de cálculo e, ao mesmo tempo, tornará maior a alíquota sobre ele incidente; em outras palavras, "a progressividade é critério que exige variação positivada da alíquota à medida que há aumento da base de cálculo".[47]

O art. 153, §2º, I, da CR/88 estabelece que o imposto de renda deve ser informado pelo critério da progressividade. Assim, para atingir tal fim, devem existir diversas alíquotas para o IR, de acordo com a faixa de renda do contribuinte, exigência consentânea, inclusive, com o que preceitua o postulado da capacidade contributiva, na forma do art. 145, §1º, do próprio texto fundamental.

Por outro lado, o imposto será regressivo quando sua onerosidade relativa crescer na razão inversa da capacidade econômica (ou contributiva) do contribuinte; ou seja, quanto mais pobre o sujeito passivo, quanto menor a sua renda, maior será o peso relativo do imposto. A rigor, a regressividade se manifesta em relação aos tributos indiretos em que, como já mencionado, o ônus financeiro é suportado por outra pessoa (consumidor final) diferente do contribuinte de direito (por exemplo, IPI, ICMS, ISS, Cofins etc.) e da maioria dos tributos reais (por exemplo, IPVA, ITBI, e o próprio IPTU, como regra geral).

Confira-se a lição de Amaro (2003:90) sobre o tema:

> Denominam-se regressivos quando sua onerosidade relativa cresce na razão inversa do crescimento da renda do contribuinte

---

[47] Paulsen, 2007:305.

(...) Suponha-se que o indivíduo A pague como contribuinte de fato ou de direito 10 de imposto ao adquirir o produto X, e tenha uma renda de 1.000; o imposto representa 1% de sua renda. Se esta subisse para 2.000, aquele imposto passaria a significar 0,5% da renda, e, se a renda caísse para 500, o tributo corresponderia a 2%. Assim, esse imposto é regressivo, pois, quanto menor a renda, maior é o ônus relativo.

No mesmo sentido, Jarach (1978:303) esclarece que *"se denominam progresivos a los impuestos establecidos com una alícuota creciente del monto imponible y regresivos aquellos cuya alícuota es decresciente a medida que crece el monto imponible"*.

A adoção desses critérios (impostos progressivos e regressivos) está relacionada com os princípios da isonomia, da capacidade contributiva e da pessoalidade.

Cumpre destacar ainda a classificação que seciona os impostos em *seletivos* e *não seletivos*. O imposto é seletivo quando a sua alíquota é aumentada ou diminuída em razão da essencialidade do bem. O imposto é, portanto, não seletivo quando inexiste tal preocupação. Em regra, o ICMS é um imposto não seletivo, embora ele possa, excepcionalmente, atuar seletivamente.[48]

Por fim, há de se destacar ainda os impostos cumulativos e não cumulativos. O imposto cumulativo incide em várias fases de circulação do bem, não sendo considerado o valor que já incidiu nas fases anteriores. No imposto não cumulativo (como é o caso do ICMS), em cada fase de circulação, há sua incidência sobre o valor que se agregou ao bem ou sobre o valor acumulado do bem, descontando-se, na última hipótese, o valor que já gravou as fases anteriores.

---

[48] Amaro, 2003:91.

Taxa

A origem da taxa no texto constitucional brasileiro[49]

A Carta Magna de 1824 ignorava a distinção entre impostos e taxas, aparecendo o termo "imposto", por uma única vez, na disposição que estabelecia a iniciativa legislativa privativa da Câmara dos Deputados. Nas demais disposições, aludia a Constituição de 1824 a "contribuição", "contribuição direta" ou, de forma ainda mais vaga, a "imposições gerais". Mesmo quando se realizou no Brasil o primeiro ensaio de uma discriminação constitucional de renda, com o Ato Adicional de 1834, continuou o legislador a referir-se tão somente a "impostos" e a "imposições gerais".

A Constituição de 24 de fevereiro de 1891 foi a primeira a designar impostos e taxas como receitas tributárias mais ou menos bem caracterizadas e distintas. No entanto, a terminologia financeira dessa Constituição, moldada sob a influência dominante do modelo norte-americano de 1787, embora atribuísse às taxas e aos impostos significados distintos, não era precisa, isto é, não estabelecia uma distinção tendo como base critérios mais rigorosos.

Cumpre observar que, mesmo sendo a redação final do projeto da Carta de 1891 de autoria de Rui Barbosa — que, além de constitucionalista, era emérito financista —, não se conseguiu suprir a deficiência quanto à existência de critérios de distinção das receitas tributárias.

Assim, dispunha a Constituição de 1824 sobre impostos e taxas em diversas das suas disposições, mas bem se percebe a indeterminação, a incerteza de conceitos. Em verdade, essa imprecisão de conceitos e, consequentemente, essa impropriedade

---

[49] Ver Moraes (2002).

da linguagem jurídica utilizada — em razão, principalmente, da influência de conceitos e critérios estranhos ao ponto de vista jurídico — não constituíam uma deficiência apenas do nosso então incipiente direito tributário e, por conseguinte, de nossas duas primeiras constituições. Ao contrário, as mesmas deficiências eram sentidas na doutrina do direito tributário de países como Alemanha, Áustria e, posteriormente, Itália e França, onde esse ramo do direito primeiro se formou e se desenvolveu.

Fato gerador e base de cálculo

A Constituição da República de 1988 delimita a matéria fática sobre a qual o legislador poderá se valer para a instituição das taxas. Assim, de acordo com o seu art. 145, inciso II, os diferentes entes da federação poderão instituir taxas "em razão do exercício do poder de polícia ou pela utilização, efetiva ou potencial, de serviços públicos específicos e divisíveis, prestados ao contribuinte ou postos a sua disposição".

Como se pode notar, o fato gerador da taxa não é um fato do contribuinte, como ocorre com o imposto, mas um fato do Estado, que presta uma atividade específica e divisível em relação à pessoa do contribuinte, e que pode consistir tanto no exercício regular do poder de polícia (taxa de polícia) quanto na prestação, efetiva ou potencial, de serviço público específico e divisível (taxa de serviço). Note-se que a taxa, ao contrário do imposto, está vinculada a uma atuação estatal, não tendo como objetivo financiar as atividades gerais do Estado.

Em verdade, a taxa financia aquela atividade estatal que, em razão de sua divisibilidade e referibilidade a um indivíduo ou a um grupo determinável, pode ser financiada por tributos pagos por aquele(s) a que essa atividade estatal se dirige.

Para Torres (2004:400), a taxa é, assim, um tributo contraprestacional, porque "vinculado a uma prestação estatal específica em favor do contribuinte". Discordando desse entendimento, Brito Machado (2002:373) afirma que não existe necessariamente "uma correlação entre o valor da taxa cobrada e o valor do serviço prestado ou posto à disposição do contribuinte, ou da vantagem que o Estado lhe proporciona". Para este último autor citado, o essencial na taxa é a referibilidade da atividade estatal ao obrigado, e o proveito ou a vantagem auferidos pelo o contribuinte com a contraprestação do Estado não são pressupostos para a sua cobrança e instituição.

Note-se, ainda, o disposto no art. 145, §2º, da CR/88, segundo o qual "as taxas não poderão ter base de cálculo própria de imposto". Desse modo, a base de cálculo da taxa não irá mensurar dados relativos à riqueza do contribuinte, mas sim a atividade estatal a ela vinculada.

Em nota à edição póstuma da obra de Baleeiro (2000:53), Derzi adverte que as

> taxas que elegem base de cálculo diversa do custo da atuação estatal relativa ao contribuinte (valor do imóvel, do veículo, valor da causa, valor da obra etc.) são impostos disfarçados, em regra instituídos contra as normas da Constituição. A jurisprudência do país, que coíbe tais artifícios legislativos, é fartíssima.

Assim, a taxa não pode ter como base de cálculo, por exemplo, o valor do patrimônio, a renda ou o preço, que são elementos ligados à pessoa do obrigado e constituem base de cálculo própria de impostos. Segundo Ataliba (1969:48), "os elementos que o Estado deve ter em mente ao determinar o valor da taxa a ser cobrada do contribuinte (...) devem resultar da intensidade e extensão da atividade estatal, porém nunca de uma qualidade inerente ao interessado ou ao objeto sobre o qual o tributo recai".

De toda forma, convém mencionar que o Supremo Tribunal Federal hodiernamente se posiciona no sentido de que a taxa que tem como base de cálculo, por exemplo, a área do imóvel não se caracteriza como inconstitucional, porque tal exação não apresenta base de cálculo própria de imposto, *in casu*, de IPTU, ou seja, a base de cálculo de tal imposto (valor venal do imóvel) não se confunde com a área, a metragem do bem. Assim vejamos:

> Constitucional. Tributário. Taxa de coleta de lixo: base de cálculo. IPTU. Município de São Carlos, SP. I - O fato de um dos elementos utilizados na fixação da base de cálculo do IPTU — a metragem da área construída do imóvel —, que é o valor do imóvel (CTN, art. 33), ser tomado em linha de conta na determinação da alíquota da taxa de coleta de lixo não quer dizer que teria essa taxa base de cálculo igual à do IPTU: o custo do serviço constitui a base imponível da taxa. Todavia, para o fim de aferir, em cada caso concreto, a alíquota, utiliza-se a metragem da área construída do imóvel, certo que a alíquota não se confunde com a base imponível do tributo. Tem-se, com isto, também, forma de realização da isonomia tributária e do princípio da capacidade contributiva: CF, artigos 150, II, 145, §1º. II - R.E. não conhecido.[50]
>
> Município de Belo Horizonte. Taxa de fiscalização, localização e funcionamento. Alegada ofensa ao art. 145, §2º, CF. Exação fiscal cobrada como contrapartida ao exercício do poder de polícia, sendo calculada em razão da área fiscalizada, dado adequadamente utilizado como critério de aferição da intensidade

---

[50] STF. Pleno. RE nº 232.393/SP. Rel. Min. Carlos Velloso. j. 12.08.1999. *DJ*, 5 abr. 2002.

e da extensão do serviço prestado, não podendo ser confundido com qualquer dos fatores que entram na composição da base de cálculo do IPTU, razão pela qual não se pode ter por ofensivo ao dispositivo constitucional em referência, que veda a bitributação. Serviço que, no caso, justamente em razão do mencionado critério pode ser referido a cada contribuinte em particular, e de modo divisível, porque em ordem a permitir uma medida tanto quanto possível justa, em termos de contraprestação. Recurso não conhecido.[51]

Taxa — limpeza pública — coleta de lixo — Lei 10.253/89 do município de São Carlos. Na dicção da ilustrada maioria, entendimento em relação à qual guardo reservas, o fato de a taxa ser calculada com base na metragem do imóvel, um dos elementos do imposto predial e territorial urbano, não implica inconstitucionalidade ante o disposto no artigo 145, §2º, da Constituição Federal. Precedente: Recurso Extraordinário nº 232.393 - 1/SP, relatado pelo ministro Carlos Velloso e julgado perante o Pleno em 12 de agosto de 1999.[52]

Com efeito, importante salientar que a referida taxa de limpeza pública, a rigor, consoante o entendimento do próprio pretório excelso[53] e que ainda prevalece, foi julgada inconstitucional pela circunstância de envolver, para fins de definição de seu fato gerador, uma prestação de serviço não específico nem mensurável, indivisível e insusceptível de ser referido a determinado contribuinte, o que efetivamente contraria o

---

[51] STF. Pleno. RE nº 220.316/MG. Rel. Min. Ilmar Galvão. j. 12.08.1999. *DJ*, 29 jun. 2001.
[52] STF. Segunda Turma. RE nº 229.976/SP. Rel. Min. Marco Aurélio. j. 29.02.2000. *DJ*, 9 jun. 2000.
[53] STF. Primeira Turma. RE-AgR nº 247.563/SP. Rel. Min. Sepúlveda Pertence. j. 28.03.2006. *DJ*, 28 abr. 2006; e STF. Primeira Turma. AI-AgR 474.335/RJ. Rel. Min. Eros Grau. j. 30.11.2004. *DJ*, 4 fev. 2005.

disposto no art. 145, II, da CR/88,[54] mas a questão afeta à sua base de cálculo resta superada pela atual jurisprudência firmada no âmbito do STF.

Ademais, vale transcrever a ementa do julgamento das ações diretas de inconstitucionalidade n°s 1.942 e 2.424, nas quais o Pleno do STF, por unanimidade, julgou inconstitucionais as taxas estaduais cobradas para remunerar as atividades da Polícia Militar nos estados do Pará e do Ceará, quando do policiamento em eventos privados de cunho comercial e lucrativo, tais como *shows* e eventos privados.[55]

> Ação direta de inconstitucionalidade. Art. 2º e tabela V, ambos da Lei 6.010, de 27 de dezembro de 1996, do estado do Pará. Medida liminar. Em face do artigo 144, "caput", inciso V e parágrafo 5º, da Constituição, sendo a segurança pública dever do Estado e direito de todos, exercida para a preservação da ordem pública e da incolumidade das pessoas e do patrimônio, através, entre outras, da polícia militar, essa atividade do Estado só pode ser sustentada pelos impostos, e não por taxa, se for solicitada por particular para a sua segurança ou para a de terceiros, a título preventivo, ainda quando essa necessidade decorra de evento aberto ao público. Ademais, o fato gerador da taxa em questão não caracteriza sequer taxa em razão do exercício do poder de polícia, mas taxa pela utilização, efetiva ou potencial, de serviços públicos específicos e divisíveis, o que, em exame compatível com pedido de liminar, não é admissível

---

[54] Situação análoga ao posicionamento do STF em relação à inconstitucionalidade da cobrança da taxa de iluminação pública em casos anteriores à EC nº 39/02, ou seja, anteriormente ao acréscimo do art. 149-A ao texto fundamental que autorizou os municípios e o Distrito Federal a instituir contribuição, sob a forma de contribuição de intervenção no domínio econômico, para o custeio do serviço de iluminação pública.

[55] Godoi, 2006:88.

em se tratando de segurança pública. Ocorrência do requisito da conveniência para a concessão da liminar. Pedido de liminar deferido, para suspender a eficácia *ex nunc* e até final julgamento da presente ação, da expressão "serviço ou atividade policial-militar, inclusive policiamento preventivo" do artigo 2º, bem como da tabela V, ambos da Lei nº 6.010, de 27 de dezembro de 1996, do estado do Pará.[56]

Ação direta de inconstitucionalidade. 2. Lei nº 13.084, de 29.12.2000, do estado do Ceará. Instituição de taxa de serviços prestados por órgãos de segurança pública. 3. Atividade que somente pode ser sustentada por impostos. Precedentes. 4. Ação julgada procedente.[57]

O governador do estado do Pará, nos autos da ADI nº 1.942/PA, argumentou que eventos com fins lucrativos, nos quais é utilizado o policiamento preventivo em prol da comunidade, por requisição dos particulares, são exemplos de poder de polícia, razão pela qual é exigida dos organizadores dos eventos uma taxa de segurança pública. Entretanto, o ministro Moreira Alves, relator da aludida ADI, afirmou que as atividades das polícias militares e corpos de bombeiros em eventos privados não poderiam configurar exercício do poder de polícia, e sim serviços públicos prestados ao contribuinte, eis que a segurança pública visa à segurança de todos coletiva ou individualmente, o que inviabilizaria a cobrança de taxa. Nesse mesmo sentido votou o ministro Gilmar Mendes na ADI nº 2.424/CE.

---

[56] STF. Pleno. Medida cautelar em ADI nº 1.942/PA. Rel. Min. Moreira Alves. j. 05.05.1999. *DJ*, 22 out. 1999.
[57] STF. Pleno. ADI nº 2.424/CE. Rel. Min. Gilmar Mendes. j. 01.04.2004. *DJ*, 18 jun. 2004.

Competência

A competência para instituir taxa é comum da União, dos estados, do Distrito Federal e dos municípios. Entretanto, para o exercício dessa competência, há que se observar se a pessoa jurídica de direito público que instituiu determinada taxa se mostra também constitucionalmente competente para a realização da atividade à qual está vinculado o fato gerador respectivo.[58]

Dessa forma, a entidade estatal competente para o exercício do poder de polícia e/ou para a prestação de serviço público é competente para a instituição e cobrança da taxa correspondente.

A Constituição da República enumera as competências materiais de cada uma das pessoas jurídicas de direito público. A competência da União está prevista nos seus arts. 21 e 22; a dos municípios, no art. 30; e a dos estados, segundo o §1º do art. 25, é uma competência residual ou remanescente, permitindo-lhes legislar sobre matéria não atribuída à União ou aos municípios.

Desse modo, somente a União poderá cobrar taxa sobre a fiscalização de entidades que operam no mercado financeiro (art. 21, VIII, CR/88), assim como só o Estado cobrará a taxa de incêndio, uma vez que a prevenção e extinção desses não se encontram deferidas à União ou ao município. Por sua vez, apenas o município instituirá taxa relativa aos serviços públicos de interesse local, como a taxa de coleta domiciliar de lixo (art. 30, V, CR/88).

Nas matérias de competência comum, previstas no art. 23 da CR/88, é preciso verificar qual o interesse que prevalece no

---

[58] Hugo de Brito Machado (2001b:15) entende que a competência para a instituição e cobrança da taxa é privativa, e não comum, uma vez que "só a pessoa jurídica de direito público que exerce a atividade estatal pode instituir o tributo vinculado a essa atividade".

desempenho da atividade estatal — nacional, regional ou local —, para identificar qual o ente competente para exigir o tributo. Se no caso concreto se mostra impossível identificar o interesse predominante, preserva-se a taxa federal em detrimento da estadual, que por sua vez prevalecerá sobre a municipal.[59]

Princípio da capacidade contributiva

Embora não exista previsão explícita em nossa Constituição da República quanto à aplicabilidade do princípio da capacidade contributiva às taxas, a doutrina majoritária[60] e a jurisprudência do Supremo Tribunal Federal[61] caminham no sentido da sua aplicabilidade. A propósito, lição de Domingues de Oliveira (1991:50):

> Malgrado essa característica das taxas, submetem-se elas ao cânone da capacidade contributiva, em primeiro lugar, determinando ela a intributabilidade daqueles que, por incidência delas, estariam tendo o seu "mínimo de existência digna" comprometido (exemplo desta incidência do princípio é a chamada "justiça gratuita", que decorre da sua conjugação com o direito de ação, entendendo-se como redistribuída pela comunidade mais favorecida economicamente a parcela não suportada pelos administrados mais modestos). Por esta razão (e também por força da isonomia constitucional que, iluminada pela noção de capacidade contributiva, determina que pessoas em posições econômicas diversas paguem tributo diferenciado), as taxas admitem graduação em função de condições fáticas do contribuinte indicadoras de riqueza, podendo implicar

---

[59] Rosa Júnior, 2001:390.
[60] Torres, 2004:402; Amaro, 2003:141; Machado, 2001a:71.
[61] STF. Pleno. RE nº 177.835/PE. Rel. Min. Carlos Velloso. j. 22.04.1999. *DJ*, 25 maio 2001; STF. Pleno. RE nº 179.177/PE. Rel. Min. Carlos Velloso. j. 22.04.1999. *DJ*, 25 maio 2001; e STF. Pleno. RE nº 182.737/PE. Rel. Min. Carlos Velloso. j. 22.04.1999. *DJ*, 25 maio 2001.

diferentes quantidades ou unidades de serviço público e, pois, de cobrança, como no caso de uma taxa de licença de localização variável em virtude da diversidade de atividade e consideração do tamanho do estabelecimento a fiscalizar.[62]

Como se depreende do texto citado, o princípio da capacidade contributiva deve ser utilizado ao lado do princípio da igualdade também com relação à taxa. Em verdade, é plenamente justificável a aplicação do princípio da capacidade contributiva a um tributo que objetiva, justamente, remunerar a prestação de serviços públicos, de interesse da coletividade, tão essenciais à população mais carente.

As espécies de taxas

TAXA DE POLÍCIA

O poder de polícia está definido no art. 78 do CTN como

> a atividade da administração pública que, limitando ou disciplinando direito, interesse ou liberdade, regula a prática de ato ou a abstenção de fato, em razão de interesse público concernente à segurança, à higiene, à ordem, aos costumes, à disciplina da produção e do mercado, ao exercício de atividades econômicas dependentes de concessão ou autorização do poder público, à tranquilidade pública ou ao respeito à propriedade e aos direitos individuais ou coletivos.

O Código Tributário Nacional também define quando o poder de polícia é considerado regular. De acordo com o parágrafo

---

[62] Acórdão publicado em 8 de novembro de 1984, RE nº 102.524-7/SP, Rel. Min. Moreira Alves.

único do art. 78 do CTN, "considera-se regular o exercício do poder de polícia quando desempenhado pelo órgão competente nos limites da lei aplicável, com observância do processo legal e, tratando-se de atividade que a lei tenha como discricionária, sem abuso ou desvio de poder".

A taxa de polícia justifica-se pelo fato de existirem alguns direitos cujo exercício pode afetar o interesse da coletividade, razão pela qual sofrem limitações de ordem pública. É o que ocorre, por exemplo, nos casos de licença para construir, ou alvará para o porte de arma. Nesses casos, o Estado não presta um serviço, mas exerce uma atividade de polícia, eis que o exercício de tais direitos deve obedecer às leis de segurança, cabendo à administração pública verificar o cumprimento das exigências legais.

Sobre o tema, Rosa Júnior (2005:380) esclarece que, para viabilizar a cobrança de taxa, tendo por base o exercício do poder de polícia, ela deve atender aos seguintes requisitos:

> a) ter caráter contraprestacional para distingui-la do imposto, eis que o mero poder de polícia, em si e por si, não constitui fato gerador da taxa, e somente a prestação de um serviço relacionado ao citado poder é que configura o fato gerador do tributo; b) que o poder de polícia seja exercido de forma regular, considerando-se como tal, nos termos do parágrafo único do art. 78 do CTN, aquele que for desempenhado pelo órgão competente nos limites da lei aplicável, com observância do processo legal e, tratando-se de atividade que a lei tenha como discricionária, sem abuso ou desvio de poder. Assim, a lei que instituir taxa, cuja hipótese de incidência baseie-se no exercício do poder de polícia, deve precisar a atividade estatal específica a ser desempenhada relativa ao contribuinte, ou seja, o serviço público específico e divisível.

Em razão dessa exigência legal de mesurabilidade que embase a cobrança da taxa de polícia, por meio da Súmula nº 157, o Superior Tribunal de Justiça considerou "ilegítima a cobrança de taxa, pelo município, na renovação de licença para localização de estabelecimento comercial ou industrial". Contudo, tal enunciado foi revogado, sob argumento de que sua redação era de caráter genérico, porquanto as decisões que a fomentaram se referiam ao fato de leis municipais terem sido consideradas ilegítimas em razão da inexistência de previsão acerca da atividade estatal que seria desempenhada para a renovação da referida licença, bem como da identificação de qual órgão administrativo executaria tal atividade.

De toda forma, o Supremo Tribunal Federal, decidindo sobre a matéria, firmou o entendimento de que o poder de polícia não precisa corresponder necessariamente a uma contraprestação efetiva, podendo, portanto, ser de natureza potencial; ou seja, para viabilizar a cobrança da taxa, basta que exista um órgão administrativo incumbido da fiscalização e devidamente equipado para o exercício do mencionado poder de polícia.[63]

TAXA DE SERVIÇO

De acordo com o art. 145, inciso II, da CR/88 e conforme o disposto pelo art. 77 do Código Tributário Nacional, para que o serviço público possa servir como fato gerador da taxa, ele deve ser específico e divisível; prestado ao contribuinte ou

---

[63] STF. Primeira Turma. RE nº 115.213/SP. Rel. Min. Ilmar Galvão. j. 13.08.1991. *DJ*, 6 set. 1991; STF. Primeira Turma. RE nº 208.489/SP. Rel. Min. Ilmar Galvão. j. 09.09.1997. *DJ*, 6 fev. 1998; STF. Primeira Turma. RE nº 198.904/RS. Rel. Min. Ilmar Galvão. j. 28.05.1996. *DJ*, 27 set. 1996; STF. Pleno. RE nº 220.316/MG. Rel. Min. Ilmar Galvão. j. 12.08.1999. *DJ*, 29 jun. 2001; e STF. Primeira Turma. RE-AgR nº 188.908/SP. Rel. Min. Sepúlveda Pertence. j. 24.06.2003. *DJ*, 17 out. 2003.

posto à sua disposição; e utilizado, efetiva ou potencialmente, pelo contribuinte.

O Código Tributário Nacional também procura definir em que situações o serviço é efetiva ou potencialmente utilizado pelo contribuinte e o que se deve entender por um serviço específico e divisível.

Destarte, disciplina o CTN que os serviços públicos a que se refere o seu art. 77 consideram-se efetivamente utilizados pelo contribuinte "quando por ele usufruídos a qualquer título (art. 79, I, a)". Por outro lado, o serviço público será potencialmente utilizado pelo contribuinte "quando, sendo de *utilização compulsória*, sejam postos à sua disposição mediante atividade administrativa em efetivo funcionamento" (art. 79, I, b).

Ao comentar a disposição do Código Tributário Nacional que procura separar os grupos de serviços que poderiam dos que não poderiam ser taxados na utilização potencial do serviço, elegendo-se como critério a utilização compulsória, Amaro (2003:40) afirma que

> não é a compulsoriedade (seja lá isso o que for) que caracteriza os serviços taxáveis pela simples utilização potencial. O que importa fixar é que a Constituição autoriza a criação de taxas cobráveis tanto na fruição efetiva quanto na fruição potencial de certos serviços (para cuja prestação o Estado se tenha aparelhado).

Ainda segundo o CTN, os serviços públicos serão específicos "quando possam ser destacados em unidades autônomas de intervenção, de utilidade ou de necessidades públicas", e divisíveis, por não serem "suscetíveis de utilização, separadamente, por parte de cada um de seus usuários" (art. 79, incisos II e III).

Note-se que o serviço público que dá origem à instituição da taxa deve ser, concomitantemente, específico e divisível, sendo da competência dos impostos aqueles serviços indivisíveis ou gerais, eis que tais serviços são desenvolvidos pelo Estado em favor de toda a coletividade.

De acordo com Bandeira de Mello (1980:27), o serviço público específico "é atividade que congrega meios materiais, pessoal e organização, mantida, regida e controlada pelo Estado, para satisfação de uma necessidade pública em regime de direito público".

Outra disposição do CTN no que concerne à taxa de serviço e que merece destaque é o conteúdo de seu art. 80, segundo o qual a taxa de serviço somente será legítima se for instituída pelo ente político competente para a prestação do respectivo serviço. Nesse ponto, portanto, se igualam a taxa de serviço e a taxa de polícia.

Pedágio

O inciso V do art. 150 da CR/88 insere o instituto do pedágio ou, na nomenclatura de Baleeiro (2001:547), *rodágio*, no sistema tributário nacional, trazendo controvérsia na doutrina quanto a sua natureza. Tributo ou preço público?

Coelho (2006:427) sustenta que o fato gerador do pedágio é o uso de via pública, ou uso de via particular ou concedida a particular, sendo certo que "o uso do bem público ou particular é feito pelo pagamento de preços", não ensejando tributos.

No entanto, o entendimento predominante na doutrina aponta para a natureza tributária do pedágio, pois esse instituto é encontrado num dispositivo constitucional que cuida de tributos, excetuando a aplicação de um princípio tributário.

Derzi[64] defende que "os pedágios têm, por força do art. 150, V, da CR/88, a natureza de taxa de serviço público de conservação, cuja divisibilidade somente se manifesta no momento da

---

[64] Ver Baleeiro (2000:550).

utilização da via pública". Em consonância com esse entendimento, Carraza (1997a:324) assevera que o serviço público de conservação das rodovias que autoriza a instituição do pedágio é "verdadeira taxa de serviço, inobstante seu *nomem iuris*".

Os autores que sustentam o caráter tributário do pedágio concordam que não se cobra pedágio pela mera disponibilidade das vias trafegáveis. É o uso da via que autoriza o pedágio. Do mesmo modo, a construção de estradas ou a realização de obras não podem servir de fundamento para a exigência do pedágio, eis que tais obras poderiam levar à instituição de contribuição de melhoria, mas não de pedágio, cuja cobrança, repita-se, pressupõe o uso de via pública.

O Supremo Tribunal Federal,[65] ao julgar recurso extraordinário em que se arguia a inconstitucionalidade da Lei nº 7.712, de 22 de dezembro de 1988,[66] teve oportunidade de apreciar a matéria envolvendo o pedágio, dando-lhe tratamento de tributo e não de preço público.

Outro julgamento em que o STF deu tratamento de tributo (taxa) ao preço público, conforme relata Derzi,[67] foi aquele em que se declarou a "inconstitucionalidade da Lei nº 8.155/90, que instituiu imposto sobre a venda de combustível, disfarçado de taxa-pedágio".[68]

Contribuição de melhoria

O art. 145, III, da CR/88 prevê que os entes da federação poderão instituir contribuição de melhoria decorrente de obra pública, tributo que tem por escopo promover a distribuição

---

[65] STF. Segunda Turma. RE nº 181.475/RS. Rel. Min. Carlos Velloso. j. 04.05.1999. DJ, 25 jun. 1999.
[66] Essa lei, que instituiu a cobrança de selo-pedágio, renovável mês a mês, cobrado nas rodovias federais, teve reconhecida sua constitucionalidade pelo STF.
[67] Ver Baleeiro (2001:550).
[68] Ver Ataliba (1990).

mais justa dos ônus decorrentes de obras realizadas não em razão de um interesse privado, mas em virtude do interesse público nelas envolvido, ou seja, considerado o benefício que trarão para toda a coletividade.

Por sua vez, o art. 81 do CTN[69] traz os elementos necessários à definição da contribuição de melhoria. Da análise de tal comando legal pode-se concluir que a contribuição de melhoria é um tributo que tem como fato gerador a valorização do imóvel do contribuinte em razão de uma obra pública.

A rigor, tal previsão funda-se na circunstância de que, nada obstante todas as pessoas da sociedade serem beneficiadas indiretamente com a realização da obra pública, algumas são particularmente favorecidas, porquanto seus imóveis acabam se valorizando por se localizarem na sua zona de influência. Assim, mostra-se uma medida de justiça que tais beneficiários sejam chamados a participar em maior grau do custeio da referida obra, por meio do pagamento de tributo específico.

É importante notar que a obrigação de pagar esse tributo somente nasce na hipótese em que da obra pública decorra um aumento do valor do imóvel do contribuinte. Conforme o art. 1º do Decreto-Lei nº 195, de 24 de fevereiro de 1967, "a contribuição de melhoria, prevista na Constituição Federal, tem como fato gerador o acréscimo do valor do imóvel localizado nas áreas beneficiadas direta ou indiretamente por obras públicas".

Importante salientar que, como já decidiram o pretório excelso[70] e o Superior Tribunal de Justiça,[71] se mostra indispensável

---

[69] "A contribuição de melhoria cobrada pela União, pelos estados, pelo Distrito Federal ou pelos municípios, no âmbito de suas respectivas atribuições, é instituída para fazer face ao custo de obras públicas de que decorra valorização imobiliária, tendo como limite total a despesa realizada e como limite individual o acréscimo de valor que da obra resultar para cada imóvel beneficiado."
[70] STF. Segunda Turma. RE nº 115.863/SP. Rel. Min. Célio Borja. j. 29.10.1991. *DJ*, 8 maio 1992; STF. Segunda Turma. RE nº 116.147/SP. Rel. Min. Célio Borja. j. 29.10.1991. *DJ*, 8 maio 1992; e STF. Segunda Turma. RE nº 114.069/SP. Rel. Min. Carlos Velloso. j. 15.04.1994. *DJ*, 30 set. 1994.
[71] STJ. Primeira Turma. REsp nº 671.560/RS. Rel. Min. Denise Arruda. j. 15.05.2007. *DJ*, 11 jun. 2007; STJ. Segunda Turma. REsp nº 629.471/RS. Rel. Min. João Otávio de

a efetiva ocorrência da valorização imobiliária para viabilizar a cobrança da contribuição de melhoria.

O Decreto-Lei nº 195/67 traz, ainda, em seu art. 2º um rol taxativo das obras públicas que poderão ensejar a cobrança da contribuição de melhoria.

Outro aspecto a ser analisado refere-se ao cálculo da contribuição de melhoria. Existem limites para a cobrança desse tributo. Um limite individual, eis que cada contribuinte só pode ser exigido até o montante da valorização imobiliária, e um limite geral, na medida em que o Estado só pode cobrar dos contribuintes o valor do custo da obra.

Contribuição especial

A norma matriz das contribuições especiais está no art. 149 da CR/88. De acordo com o §1º do art. 149 da CR/88, somente à União Federal foi outorgada competência para instituir as contribuições especiais agrupadas em seu art. 149, a saber: contribuições sociais; contribuições de intervenção no domínio econômico; e contribuições de interesse de categorias profissionais ou econômicas. As demais entidades políticas somente poderão instituir contribuições cobradas de seus servidores para o custeio, em benefício destes, de sistema de previdência e assistência social.

Outra característica que se depreende de nossa Constituição é que a contribuição especial, ao lado dos empréstimos compulsórios, é um tributo marcado por sua destinação, pois constitui um ingresso obrigatoriamente direcionado para financiar a atuação do Estado em determinado setor (social ou econômico). A propósito, vale mencionar a lição de Derzi,[72] em nota de atualização da obra de Aliomar Baleeiro:

Noronha. j. 13.02.2007. *DJ*, 5 mar. 2007; e STJ. Primeira Turma. REsp nº 647.134/SP. Rel. Min. Luiz Fux. j. 10.10.2006. *DJ*, 1 fev. 2007.
[72] Ver Baleeiro (2001:598).

A Constituição de 1988, pela primeira vez, cria tributo finalisticamente afetado, que são as contribuições e os empréstimos compulsórios, dando à destinação que lhes é própria relevância não apenas do ponto de vista do direito financeiro ou administrativo, mas igualmente do direito tributário. (...) Tais despesas estão predefinidas na Constituição Federal e são, para as contribuições:

- o custeio da seguridade social, habitação, educação ou outra meta, prevista na Ordem Social ou nos direitos sociais, a serem atingidos pelo estado democrático de direito;
- o financiamento dos gastos de intervenção do Estado no domínio econômico, conforme as ações definidas no capítulo da Ordem Econômica; e
- a manutenção de entidades, instituídas no interesse de categorias profissionais ou econômicas.

A destinação passou a fundar o exercício da competência da União. Sem afetar o tributo às despesas expressamente previstas na Constituição, falece competência à União para criar contribuições.

O Supremo Tribunal Federal, ao julgar recurso extraordinário em que se questionava a constitucionalidade da Lei nº 7.689/88, que instituiu a contribuição social sobre o lucro, definiu alguns pontos cruciais para a disciplina das contribuições em referência, entre os quais a natureza tributária da contribuição social, destacando-se, no voto do ministro relator, que o art. 149 da CR/88 "instituiu três tipos de contribuições: a) contribuições sociais; b) de intervenção; e c) corporativas. As primeiras — as contribuições sociais — desdobram-se, por sua vez, em a.1) contribuições de seguridade social; a.2) outras de seguridade social; e a.3) contribuições sociais gerais".[73] Vale transcrever parte da ementa do acórdão:

---

[73] STF. Pleno. RE nº 138.284/CE. Rel. Min. Carlos Velloso. j. 01.07.1992. *DJ*, 28 ago. 1992.

As contribuições do art. 195, I, II, III, da Constituição não exigem, para a sua instituição, lei complementar. Apenas a contribuição do parágrafo 4 do mesmo art. 195 é que exige, para a sua instituição, lei complementar, dado que essa instituição deverá observar a técnica da competência residual da União (CF, art. 195, §4º; CF, art. 154, I). Posto estarem sujeitas à lei complementar do art. 146, III, da Constituição, porque não são impostos, não há necessidade de que a lei complementar defina o seu fato gerador, base de cálculo e contribuintes (CF, art. 146, III, "a").

Como visto, as contribuições sociais se subdividem em contribuições sociais da seguridade social e contribuições sociais gerais. As contribuições sociais da seguridade social, com previsão constitucional no art. 195 da CR/88 e no art. 74 do Ato das Disposições Constitucionais Transitórias, são submetidas ao princípio da anterioridade nonagesimal (art. 195, §6º, CR/88), podendo ser instituídas mediante a edição de lei ordinária.

As contribuições sociais da seguridade social são as mais controvertidas, dividindo-se nas seguintes subespécies:

❑ o inciso I do art. 195 da CR/88 (com redação dada pela Emenda Constitucional nº 20, de 15 de dezembro de 1998) prevê as contribuições do empregador, da empresa e da entidade a ela equiparada na forma da lei, incidente sobre: a) folha de salário e demais rendimentos do trabalho, mesmo sem vínculo empregatícios, incluindo-se a contribuição previdenciária dos empregadores, instituída pela Lei nº 7.787/89, e a contribuição dos autônomos, criada pela LC nº 84/96 e revogada pela Lei nº 9.876/99; b) a receita ou faturamento, incluindo-se a Cofins, instituída pela LC nº 70/91[74] e alterada pela Lei nº 9.718/98[75] e Lei nº 10.833/03,[76] bem como o PIS, hoje regulado pela Lei nº 9.715/98, com as alterações da Lei nº 10.637/02; c) lucro — é a chamada CSLL, contribuição social sobre o lucro líquido, criada pela Lei nº 7.689/88, alterada pela Lei nº 7.856/89, administrada pela União, através da Receita Federal do Brasil;

❏ contribuições dos trabalhadores e demais segurados da previdência social, disciplinada pelo inciso II do art. 195 da CR/88;

❏ contribuições incidentes sobre a receita de concursos de prognósticos, tratada pelo inciso III do art. 195 da CR/88;

❏ contribuição do importador de bens ou serviços do exterior, ou de quem a lei a ele equiparar, novidade trazida pela Emenda Constitucional nº 42/03, que acrescentou o inciso IV ao art. 195 da CR/88;

❏ contribuição do produtor, do parceiro, do meeiro e do arrendatário rurais e do pescador artesanal, bem como dos respectivos cônjuges, que exerçam suas atividades em regime de economia familiar, sem empregados permanentes, mediante a aplicação de uma alíquota sobre o resultado da comercialização da produção, e fazendo jus aos benefícios nos termos da lei (conforme redação dada pela EC nº 20/98).

O rol previsto na Constituição não é exaustivo, eis que, de acordo com o §4º do art. 195, "a lei poderá instituir outras fontes destinadas a garantir a manutenção ou expansão da

---

[74] A LC nº 70/91 sofreu alterações de texto com a edição da LC nº 85/96.
[75] Alterada pelas leis nº 9.990/00; nº 10.637/02; nº 10.865/04; nº 11.051/04 e nº 11.196/05, bem como pela MP nº 2.158-35/01.
[76] Alterada pelas leis nº 10.865/04; nº 10.925/04; nº 10.996/04; nº 11.051/04; nº 11.196/05; nº 11.307/06; nº 11.434/06; nº 11.452/07; nº 11.488/07 e, recentemente, pela Medida Provisória nº 413, de 2008.

seguridade social, obedecido o disposto no art. 154, I". Ou seja, o §4º do art. 195 da CR/88 atribui competência residual à União Federal para, mediante lei complementar, instituir novas contribuições sociais que não digam respeito às referidas no *caput* do seu art. 195.[77]

Outras espécies de contribuição são aquelas que se destinam a finalidades sociais diversas da seguridade social. São as chamadas contribuições sociais gerais, representadas pelo salário-educação, previsto no art. 212, §5º, da CR/88, e pelas contribuições destinadas às entidades privadas de serviço social e de formação profissional vinculadas ao sistema sindical (Sesc, Senai, Senac), conforme dispõe o art. 240 da CR/88.

As contribuições antes aludidas, por força do art. 149, poderão ser instituídas mediante a edição de lei ordinária, observando-se o princípio da anterioridade.

A par das contribuições sociais, o art. 149 da CR/88 fixa a competência tributária da União Federal para fins de instituição de contribuição de intervenção no domínio econômico, a qual se caracteriza, como o próprio nome está a indicar, como instrumento de intervenção estatal no domínio econômico.

Um exemplo de contribuição de intervenção no domínio econômico é o adicional ao frete para renovação da Marinha Mercante (AFRMM), criado para a arrecadação de valores destinados à realização de obras de melhoramento nos portos e serviços de conservação na frota da Marinha Mercante nacional. Outro exemplo da referida contribuição é a Cide-Combustíveis, criada pela Emenda Constitucional nº 33/01 e instituída pela Lei nº 10.336/2001.[78]

---

[77] De acordo com Rosa Júnior (2001:425), "o STF decidiu que a remissão contida na parte final do art. 195, §4º da CF, ao art. 154, refere-se somente à necessidade de lei complementar para criação de novas contribuições, não proibindo a coincidência da base de cálculo da contribuição social com a base de cálculo de imposto já existente (RE nº 228.321/RS, Rel. Min. Carlos Velloso, Plenário, 01.10.1998, Informativo STF nº 125, p. 1)".

[78] Modificada pelas leis nº 10.636/02; nº 10.833/03; nº 10.865/04; nº 10.866/04; nº 10.925/04; e nº 11.196/05.

Finalmente, as contribuições no interesse das categorias profissionais e econômicas, de competência da União Federal, que as poderá instituir mediante a edição de lei ordinária, observando-se o princípio da anterioridade. Essas contribuições são devidas em razão do benefício do contribuinte que participa do grupo profissional em favor do qual se desenvolve a atividade indivisível do Estado. Destinam-se às entidades que representam e fiscalizam as profissões, como os conselhos profissionais (OAB, Cremerj, Crea etc.), os sindicatos de trabalhadores (contribuição sindical, prevista na CLT) e os sindicatos patronais.[79]

A Emenda Constitucional nº 39/02 autorizou a instituição de uma contribuição de iluminação pública pelos municípios (Cosip), conforme o art. 149-A da CR/88, sob a justificativa

> de obter recursos mediante a incidência sobre prestações públicas indivisíveis, pois o Supremo Tribunal Federal declara a inconstitucionalidade da taxa de iluminação pública por ter por fato gerador serviço inespecífico, não mensurável, indivisível e insuscetível de ser referido a determinado contribuinte.[80]

Tal contribuição não se enquadra em qualquer das três anteriores, valendo registrar que alguns doutrinadores, como Brito Machado (2007),[81] suscitam o questionamento quanto à existência de verdadeira incompatibilidade conceitual entre a exação de que cuida a Cosip e o tributo intitulado contribuição.

---

[79] Com relação à contribuição devida à OAB, vale mencionar que o Superior Tribunal de Justiça entendeu que as contribuições pagas pelos seus filiados àquela autarquia não têm natureza tributária, fomentando tal decisão no argumento — ao que tudo indica, equivocado — de que, embora definida como autarquia profissional de regime especial ou *sui generis*, a OAB não se confunde com as demais corporações incumbidas do exercício profissional. STJ. Primeira Seção. EREsp nº 503.252/SC. Rel. Min. Castro Meira. j. 25.08.2004. DJ, 18 out. 2004.
[80] STF. RE nº 233.322/RJ; RE nº 228.029/RJ; RE nº 230.130/RJ; RE nº 231.764/RJ; RE nº 226.549/RJ; RE nº 228.028/RJ; e RE nº 228.832/RJ.
[81] Ver também Harada (2003).

Em verdade, essa inovação constitucional trata de espécie tributária cujo aspecto material exige tanto uma ação do Estado quanto um fato da esfera do contribuinte, de modo que o resultado auferido com a sua arrecadação é finalisticamente afetado,[82] e o grau de referibilidade (proporcionalidade) existente entre a atividade estatal e o valor pago pelo contribuinte não se dá de forma específica e divisível.[83]

Considerando, assim, a necessária proporcionalidade — ínsita à espécie tributária eleita pelo constituinte derivado para suportar o custeio do serviço de iluminação pública prestado pelos entes municipais —, forçoso admitir que a base de cálculo de tais contribuições, como forma de confirmar o critério material da exação, deve estar em sintonia, ou seja, ter uma correspondência lógica com este mesmo aspecto material.

Da mesma forma, as leis municipais instituidoras da Cosip devem estabelecer critérios legais harmônicos com a autorização contida no art. 149-A da CR/88, respeitando, porquanto inafastáveis, os princípios constitucionais tributários, nomeadamente os axiomas limitadores da tributação, traduzidos nos princípios constitucionais da justiça e da igualdade tributária, que se efetivam, no que tange às contribuições, por meio da observância da capacidade contributiva, *ex vi* do art. 145, §1º, do texto fundamental.

Atual discussão acerca das contribuições se dá nos autos do Recurso Extraordinário nº 566.259/RS. De acordo com o

---

[82] Diferentemente do imposto, já que produto de sua arrecadação não pode estar vinculado a órgão, fundo ou despesa, salvo exceções previstas expressamente no art. 167, inciso IV, da CR/88; regra também chamada de não afetação das receitas dos impostos e cujo enunciado se traduz numa vedação dirigida ao legislador.

[83] Diferentemente da taxa, em que se exige um grau de referibilidade (proporcionalidade) mais estreito, ou seja, financia aquela atividade estatal que, em razão de sua divisibilidade e referibilidade a um indivíduo ou a um grupo determinável, pode ser financiada por meio de tributo pago por aquele a que essa atividade estatal se dirige.

relatório do desembargador federal Joel Ilan Paciornik nos autos da apelação em mandado de segurança que deu origem ao recurso extraordinário, "trata-se da questão do alcance das receitas decorrentes de exportação em relação à contribuição para seguridade social e intervenção no domínio econômico, estatuída no art. 149, §2º, I, da Constituição Federal, na redação dada pela Emenda Constitucional nº 33 de 2001". A empresa recorrente argumentou que tal imunidade abrangeria a CPMF. Entretanto, a Primeira Turma do TRF da 4ª Região negou provimento à apelação, em sessão realizada no dia 30 de maio de 2007, sob a justificativa de que, de acordo com o art. 2º da Lei nº 9.311/96, o fato gerador da CPMF diz respeito à movimentação ou transmissão de valores e de créditos de natureza financeira e lançamento de débitos e créditos em contas correntes, independentemente de serem decorrentes de exportação. A Turma ressaltou que a Emenda Constitucional nº 37/02 foi taxativa ao prever as hipóteses de não incidência da contribuição.[84]

Em sede de recurso extraordinário, até a presente data não julgado pelo Supremo Tribunal Federal, foi reconhecida a repercussão geral da questão constitucional mencionada. Isso porque, segundo o ministro Ricardo Lewandowski, a relevância jurídica da questão se dá na medida em que será definido o alcance da norma prevista no art. 149, §2º, I, da Constituição Federal. Já a relevância econômica, segundo o ministro, ocorre na medida em que afeta todos os exportadores e a economia nacional.[85]

Outra questão que vale ser mencionada diz respeito à contribuição para assistência médica hospitalar pelos servidores

---

[84] Primeira Turma do Tribunal Regional Federal da 4ª Região. Apelação em Mandado de Segurança nº 2006.71.07.006685-7, Rel. Des. Joel Ilan Paciornik.
[85] STF. Pleno. RE nº 566.259/RS. Rel. Min. Ricardo Lewandowski; repercussão geral publicada no *DJU* de 9 de maio de 2008.

públicos não efetivos, instituída pelo estado de Minas Gerais através da Lei Complementar nº 64/02. Aduz o procurador-geral da República, na ADI nº 3.106, em síntese, que os arts. 79 e 85 da aludida lei violam o §1º do art. 149 da CR/88, bem como o §13 do art. 40 da CR/88. No que tange ao art. 149, §1º, da CR/88, é afirmado que, tendo em vista que o legislador mineiro editou norma instituidora de contribuições destinadas ao custeio de saúde por servidores não efetivos, fundamental é a vinculação da aludida contribuição a uma das destinações previstas na CR/88. Entretanto, o art. 149, em seu §1º, prevê o custeio do sistema de previdência social, e não de assistência à saúde, área de atuação distinta. Ademais, ressalta o procurador que os arts. 195 e 198 preveem que somente a União poderá instituir novas contribuições. Dessa forma, aguarda-se o julgamento dessa ADI pelo STF.

Empréstimo compulsório

De acordo com o art. 148, incisos I e II, da CR/88, a União, mediante lei complementar, poderá instituir empréstimos compulsórios nas seguintes hipóteses:

- para atender a despesas extraordinárias decorrentes de calamidade pública, de guerra externa ou sua iminência;
- no caso de investimento público de caráter urgente e de relevante interesse nacional, observado o disposto no seu art. 150, III, b.

O parágrafo único do art. 148 da CR/88, por sua vez, vincula a aplicação dos recursos provenientes de empréstimos compulsórios à despesa que fundamentou a sua instituição.

Desse modo, pode-se dizer que, consoante a previsão constitucional, são quatro os requisitos para a instituição do empréstimo compulsório:

- instituição por lei complementar;
- ocorrência das situações urgentes descritas no referido art. 148;
- destinação legal dos recursos às despesas que deram origem à criação do tributo;
- previsão legal para a restituição, eis que o empréstimo compulsório é um ingresso temporário de recursos em favor do Estado.

Sublinhe-se que os empréstimos compulsórios instituídos para investimento público sujeitam-se ao princípio da anterioridade, enquanto aqueles decorrentes de calamidade pública, de guerra externa ou sua iminência não estão sujeitos a tal princípio.

Outra questão relacionada aos empréstimos compulsórios decorre do fato de que a Constituição da República não indica expressamente o fato gerador do empréstimo compulsório, permitindo que a lei possa eleger a mesma base de imposição dos outros tributos para instituição do empréstimo compulsório.[86]

Questões de automonitoramento

1. Após ler este capítulo, você é capaz de resumir o caso gerador, identificando as partes envolvidas, os problemas atinentes e as possíveis soluções cabíveis?
2. Identifique os principais aspectos de cada espécie tributária.
3. Discorra sobre a natureza jurídica da contribuição de melhoria e do empréstimo compulsório.

---

[86] O Supremo Tribunal Federal entendeu ser a repartição de competências prevista nos arts. 153, 155 e 156 relativa apenas aos impostos, não sendo vedado que a União utilize os fatos geradores de impostos estaduais e municipais para criar outros tributos que não sejam impostos ou taxas, como os compulsórios (STF. Pleno. RE nº 228.321/RS. Rel. Min. Carlos Velloso. j. 01.10.98. DJ, 30 maio 2003; e RE nº 177.137/RS. Rel. Min. Carlos Velloso. j. 24.05.1995. DJ, 18 abr. 1997.

4. Analise a aplicação da capacidade contributiva a cada uma das espécies de tributos.
5. Pense e descreva, mentalmente, outras alternativas para a solução do caso gerador.

3

Limitações ao poder de tributar I

Caso gerador

O art. 22, II, da Lei nº 8.212/91 instituiu contribuição destinada ao custeio do seguro de acidentes do trabalho (SAT) sobre o total da remuneração paga pela empresa aos seus empregados e avulsos — em razão da atividade preponderante exercida pela empresa e do risco que ela representa para os seus trabalhadores —, com alíquotas variando de 1% a 3%, em função dos seguintes parâmetros:

- 1% para as empresas em cuja atividade preponderante o risco de acidentes do trabalho seja considerado leve;
- 2% para as empresas em cuja atividade preponderante esse risco seja considerado médio;
- 3% para as empresas em cuja atividade preponderante esse risco seja considerado grave.

No entanto, a definição do risco existente para o trabalhador em cada atividade está contida no regulamento, o Decreto nº 3.048/99 (art. 202 e anexo V). Essa disciplina viola o princípio da tipicidade tributária?

Roteiro de estudo

Limitações constitucionais ao poder de tributar

O poder de tributar do Estado encontra limites dispostos na própria Constituição da República. Segundo Afonso da Silva (1996:649), "embora a Constituição diga que cabe à lei complementar regular as limitações constitucionais do poder de tributar (art. 146, II, CF), ela própria já as estabelece mediante a enunciação de princípios constitucionais da tributação". Tais limites constituem uma garantia da pessoa, natural ou jurídica, contra o poder do Estado de instituir tributos.

Ainda de acordo com o citado mestre, as limitações ao poder de tributar do Estado exprimem-se na forma de vedações às entidades tributantes e classificam-se em princípios gerais, princípios especiais, princípios específicos e imunidades tributárias.

Os princípios gerais são aqueles aplicáveis indistintamente a todos os tributos, inclusive às contribuições do sistema tributário. Assim, temos o princípio da reserva de lei ou da legalidade estrita; o princípio da igualdade tributária; o princípio da personalização dos impostos e da capacidade contributiva; o princípio da prévia definição legal do fato gerador ou princípio da irretroatividade tributária; o princípio da anualidade do lançamento do tributo e o princípio da anterioridade tributária; o princípio da proporcionalidade razoável; o princípio da ilimitabilidade do tráfego de pessoas ou bens; o princípio da universalidade; e o princípio da destinação pública dos tributos.

Os princípios especiais são aqueles previstos em função de situações extraordinárias. São eles: o princípio da uniformidade tributária; o princípio da limitabilidade da tributação da renda das obrigações da dívida pública estadual ou municipal e dos proventos dos agentes dos estados e municípios; o princípio de que o poder de isentar é intrínseco ao poder de tributar; e o princípio da não diferenciação tributária.

Os princípios específicos, por sua vez, referem-se apenas a determinados impostos. São eles: o princípio da progressividade; o princípio da não cumulatividade do imposto; e o princípio da seletividade do imposto.

Por fim, temos as chamadas imunidades tributárias. Elas excluem a atuação do poder de tributar e são instituídas em razão de privilégios ou de considerações de interesse geral, religiosos, econômicos, sociais ou políticos.[87]

Torres (1995:400) conceitua a imunidade tributária como uma "limitação do poder de tributar fundada na liberdade absoluta, tendo por origem os direitos morais e por fonte a Constituição, escrita ou não; por sua eficácia declaratória, é irrevogável e abrange assim a obrigação principal e a acessória".

A originalidade no conceito do professor Torres está na conexão feita entre o conceito de imunidade e a proteção dos direitos humanos fundamentais.

Os princípios constitucionais tributários e as imunidades produzem efeitos similares, desempenhando o papel de limites constitucionais ao poder de tributar. Baleeiro (2001:16) já ressaltava a semelhança do resultado alcançado pelos princípios e pelas imunidades, destacando, entretanto, que os mesmos não se confundem.

Derzi, em nota de atualização à obra de Baleeiro (2001:14), afirma que os princípios constitucionais tributários consagrados na Constituição de 1988, ao lado das imunidades, limitam o poder de tributar, na medida em que especializam ou explicam

---

[87] Note-se que não se trata aqui de discriminações desarrazoadas à regra tributária genérica ou à norma excepcional da exoneração fiscal (alcunhados de privilégios odiosos), conquanto as discriminações (positivas) possam existir como forma de conferir tratamento compensatório, especialmente porque, como diz Torres (1999:399), "o direito tributário é essencialmente discriminatório, por se apoiar na distinção fundamental entre ricos e pobres, agravando a incidência sobre aqueles e aliviando a destes. A discriminação, portanto, sendo justificada e razoável, é necessária à justiça fiscal e não ofende os direitos da liberdade".

"os direitos e garantias individuais (legalidade, irretroatividade, igualdade, generalidade, capacidade econômica de contribuir etc.), ou de outros grandes princípios estruturais, como a forma federal de Estado (imunidade recíproca dos entes públicos estatais)".

O art. 150 da CF veda que se exija ou aumente tributo sem lei que o estabeleça; que se dê tratamento desigual a contribuintes que se encontrem em situação equivalente; que se cobre tributo em relação a fatos geradores ocorridos antes do início da vigência da lei que os houver instituído ou aumentado; que se cobre tributo no mesmo exercício financeiro em que haja sido publicada a lei que os instituiu ou aumentou; que se utilize tributo com efeito de confisco; e assim por diante.

O professor Novelli (1995:24) destaca que tais princípios "expressam um número de normas proibitivas que constituem no seu conjunto a chamada limitação constitucional ao poder de tributar". Essas limitações, vistas sob o aspecto subjetivo, se traduzem em *deveres negativos*, impostos aos entes políticos da federação.

Assim, se os destinatários das limitações são os sujeitos ativos do poder tributário, são os contribuintes os titulares das garantias correspondentes (tais como reserva legal, igualdade perante a lei, irretroatividade, anterioridade, não confisco etc.) que "compõem a face reversa das limitações do poder de tributar, constituindo instrumento teleológico, individuado e caracterizado pelo seu fim específico, que consiste exatamente em assegurar ou tutelar determinado interesse ou valor jurídico em face de eventual perigo".[88]

Portanto, a determinação correta da natureza, do sentido, do conteúdo e da extensão das chamadas limitações ao poder

---

[88] Baleeiro, 2001:25.

de tributar se dá pela necessária referência ao interesse ou ao valor assegurado. O resultado disso é que

> a essência e o alcance de tais garantias só se definem, materialmente, em função dos próprios direitos ou liberdades fundamentais, ou da autonomia institucional cuja efetividade ou cuja atuação aquelas primeiras (as limitações constitucionais ao poder de tributar) estão destinadas a tutelar, exclusivamente em face do exercício do poder tributário.[89]

Após as considerações acima, pode-se concluir que as garantias consistem nas faces reversas das limitações do poder de tributar, de modo que tais limitações são imodificáveis por emenda, ou mesmo por revisão, visto que os limites materiais do poder de emenda são disciplinados pelo art. 60, §4º, CF. Nessa linha de raciocínio, Torres (1999:86) assevera que

> As imunidades fiscais, porque ligadas indissoluvelmente aos direitos fundamentais e preexistentes ao pacto constitucional, são irrevogáveis. A sua revogação implicaria a própria dissolução do Estado fiscal, que sem elas não poderia sobreviver. A irrevogabilidade dos direitos da liberdade e das suas imunidades está contida na impossibilidade de emenda constitucional proclamada no art. 60, §4º, IV da CF.

De toda forma, vale consignar que tal entendimento, ao que tudo indica, não resta partilhado pelo nosso poder constituinte derivado. Isso porque, por meio da Emenda Constitucional nº 20/98, o legislador revogou o inciso II do §2º do art. 153 da CF, norma que determinava a não incidência do IR sobre rendimentos provenientes de aposentadoria e pen-

---

[89] Baleeiro, 2001:25-26.

são, pagos pela previdência social da União, dos estados, dos municípios e do Distrito Federal a pessoa com idade superior a 65 anos, cuja renda total fosse constituída, exclusivamente, de rendimentos do trabalho; ou seja, revogou imunidade fiscal inserta no texto fundamental.

Princípio da legalidade

Previsto no art. 150, I, da CF, o princípio da legalidade tributária exige que só a lei em sentido formal institua ou majore os tributos. Segundo o STF, a medida provisória, que tem força de lei, também supre tal exigência.[90]

Com a edição da Emenda Constitucional nº 32/01, que alterou o art. 62 da CF, a majoração ou a instituição de *impostos* por meio de medida provisória só produzirá efeitos no exercício financeiro seguinte, se houver sido convertida em lei.

Ademais, a Emenda Constitucional nº 32/01 exige que as medidas provisórias sejam convertidas em lei no prazo de 60 dias da sua publicação, prorrogáveis por igual prazo, sob pena de perda da sua eficácia. Ao contrário da limitação da eficácia citada no parágrafo anterior, aplicável tão somente aos impostos, a exigência da conversão em lei no prazo máximo de 120 dias aplica-se a todos os tributos.

Como se vê, o princípio da legalidade no direito tributário se traduz no princípio da reserva absoluta de lei, pois só a lei pode criar tributos, não sendo legítima a sua instituição em virtude de lei, conforme seria admitido pelo princípio da legalidade aplicável ao direito constitucional ou administrativo.[91]

---

[90] STF. Pleno. RE nº 138.284/CE. Rel. Min. Carlos Velloso. RTJ 143/313. j. 01.07.1992.
[91] Xavier, 1978:17.

Nesse sentido se manifestou o STJ[92] em decisão recente, esposada em seu Informativo nº 365, através da qual a Segunda Turma "reiterou o entendimento de não incidência do imposto de renda sobre venda de imóvel havido por herança, mormente se fundamentado na Portaria nº 80/1979-MF, ademais declarada ilegal por esta Corte, pois não poderia fixar tal cálculo de imposto por ser matéria submetida à reserva legal".

Se o princípio da legalidade não comporta exceções no que tange à criação de tributos, o mesmo não se pode dizer em relação à sua majoração, uma vez que a Constituição autoriza que o IPI, o IOF, o II, e o IE tenham as suas alíquotas alteradas pelo Poder Executivo nos limites previstos na lei (art. 153, §1º, CF). O fundamento de tal exação é a função extrafiscal que esses impostos possuem, servindo como instrumento de política econômica do governo federal e, portanto, exigindo certa mobilidade da disciplina normativa, a fim de possibilitar a regulação do mercado e a consecução de políticas públicas pelo Poder Executivo.

A Emenda Constitucional nº 33/01 criou mais uma exceção ao princípio da legalidade, permitindo que seja reduzida e restabelecida a alíquota da contribuição de intervenção no domínio econômico relativa às atividades de importação ou comercialização de petróleo e seus derivados, gás natural e seus derivados, e álcool combustível, por ato do Poder Executivo, conforme a redação do §4º do art. 177 da CF.

Em geral, os tributos devem ser instituídos por meio de lei ordinária, salvo as exceções previstas na Constituição Federal, entre elas a instituição de empréstimos compulsórios (art. 148, CF), as contribuições sociais e os impostos instituídos na competência residual da União (art. 154 e art. 195, §4º, CF).

Porém, não basta que a lei considere criado o tributo, é preciso que ela preveja todos os elementos da obrigação tributária,

---

[92] STJ. Segunda Turma. REsp nº 1.042.739/RJ. Rel. Min. Castro Meira, j. 26.08.2008.

como fato gerador, base de cálculo, alíquota, sujeito passivo, entre outros, expressão máxima do subprincípio da tipicidade, corolário da legalidade e positivado em nosso ordenamento jurídico pelo art. 97 da CTN.

O princípio da tipicidade pode assumir duas facetas distintas: o da tipicidade fechada ou cerrada, defendida por Xavier (1978:92) e Amaro (2003:111); ou o da tipicidade aberta, sustentada por Torres.[93]

Em que pese ao predomínio, na doutrina brasileira, do positivismo formalista que alicerça a teoria da tipicidade fechada, parte dos autores nacionais, na esteira da doutrina alemã, repele o princípio da tipicidade fechada, reconhecendo a elasticidade e flexibilidade de tal princípio. Essa corrente doutrinária parte do pressuposto de que, no estado democrático e social de direito, os governos são exercidos por representantes diretos do povo, tal como ocorre com o Parlamento.

Porém, foi no contexto histórico em que se produziram as aspirações iluministas que se fortaleceu a ideia de que só os representantes do povo, reunidos no Parlamento, poderiam criar obrigações, e de que o Poder Executivo seria um mero executor das políticas por eles definidas.[94]

Em consequência desse novo contexto, que ora se mostra dominante, o princípio da legalidade passou a ter, como afirma Pérez Royo (2000:42), um viés plural, como meio de garantir a democracia no procedimento de imposição das normas de repartição tributária, bem como a igualdade de tratamento entre os cidadãos e a unidade do sistema jurídico.

---

[93] Torres (2003:98) afirma que, enquanto "o conceito jurídico torna-se objeto de definição da lei e tem caráter abstrato, o tipo é apenas descrito pelo legislador e tem simultaneamente aspectos gerais e concretos, pois absorve características presentes na vida social. Os tipos jurídicos, inclusive no direito tributário (empresa, empresário, indústria), são necessariamente elásticos e abertos, ao contrário do que defendem alguns positivistas".

[94] Aragão, 2000:42.

Assim, a segurança jurídica não mais se coaduna com um regime legal que confere proteção máxima para que um indivíduo (contribuinte) deixe de dar cumprimento a uma norma, em detrimento dos demais indivíduos, a partir de sua menor ou maior astúcia na manipulação das formas jurídicas.

A legalidade tributária se traduz, hoje, como assinala Tipke,[95] na segurança diante da arbitrariedade da falta de regras, uma vez que a segurança jurídica é a segurança da regra. A certeza na aplicação da norma tributária para todos os seus destinatários é que garante a aplicabilidade e o império da lei.

A despeito da aceitação cada vez maior que essas ideias obtêm em todo o mundo, no Brasil a segurança jurídica ainda padece de uma coloração individualista, contemporânea do Iluminismo, o que de certa forma pode ser explicado pelo grande desenvolvimento do direito tributário pátrio no período da ditadura militar (1964-85).

Em certa medida, a luta contra o arbítrio cria um ambiente político propício ao fortalecimento da legalidade. Dentro desse contexto, a legalidade é apontada, portanto, como única forma de defesa contra a arbitrariedade dos generais-presidentes, mas que, com a redemocratização do país, soa sem sentido e em dissintonia com as tendências verificadas em todo o mundo.[96]

De fato, em nosso país, a interpretação da lei tributária vive um momento de isolamento cultural. Ainda estamos acorrentados a um positivismo de índole formalista que não encontra mais paralelo alhures. É que a nossa doutrina, animada com a tese da tipicidade fechada, abraça a segurança jurídica como único valor a ser tutelado, fazendo da justiça, da igualdade e da capacidade contributiva meras figuras retóricas, quando não objetos de críticas mordazes.

---

[95] Apud Torres, 2000b:179.
[96] Oliveira, 1999:92.

A adoção da segurança jurídica como princípio absoluto do direito tributário, mediante a íntima convicção de que esse ramo possuiria características peculiares que nem sequer seriam encontradas no direito penal, reflete, como bem destaca Oliveira,[97] uma posição ideológica que procura privilegiar a liberdade vinculada ao patrimônio em detrimento da liberdade vinculada à pessoa.

Ilustrativa da postura até hoje muito formalista na doutrina brasileira é a posição de Xavier,[98] com sua teoria da tipicidade fechada. Segundo o autor, o princípio da tipicidade tem como corolário:

- o princípio da seleção, segundo o qual a lei tributária deve selecionar os fatos que revelem capacidade contributiva, sendo impossível a tributação com base num conceito geral ou cláusula geral de tributo;
- o princípio do *numerus clausus*, que determina que os tributos devem estar taxativamente previstos na lei, não havendo espaço para a analogia na imposição tributária, em face da regra *nullum tributum sine lege*;
- o princípio do exclusivismo, que obriga o tipo tributário a abrigar uma descrição completa dos elementos necessários à tributação, capaz de conter uma valoração definitiva da realidade, sem necessitar ou tolerar qualquer outro elemento valorativo estranho a ela;
- o princípio da determinação, pelo qual o conteúdo da decisão deve ser rigorosamente previsto na lei, limitando-se o

---

[97] Oliveira, 1999:114.
[98] Para Xavier (1978:92), "a tipicidade do direito tributário é, pois, segundo certa terminologia, uma *tipicidade fechada*: contém em si todos os elementos para a valoração dos fatos e produção dos efeitos, sem carecer de qualquer recurso a elementos a ela estranhos e sem tolerar qualquer valoração que se substitua ou acresça à contida no tipo legal. (...) Como já se viu, uma reserva absoluta de lei impõe que a lei contenha não só o fundamento da conduta da administração, mas também o próprio critério de decisão que, desta sorte, se obtém por mera dedução da norma, limitando-se o órgão de aplicação do direito a nela subsumir o fato tributário".

órgão aplicador à mera subsunção do fato ao tipo tributário, uma vez que todos os elementos componentes deste são minuciosamente descritos pela norma, que não pode conter conceitos indeterminados.

Para a definição de tipo fechado, Xavier partiu de uma classificação adotada por Larenz (1989:646), de tipo aberto e fechado, sendo este último caracterizado por elevado grau conceitual.[99]

No entanto, conforme relatado por Derzi (1988:52), Larenz abandonou a tese da possibilidade do tipo fechado a partir da terceira edição de sua obra, datada de 1975. De fato, segundo o posicionamento adotado pelo citado autor alemão nas últimas edições de sua obra clássica, a estrutura tipológica é sempre aberta, ao contrário do conceito abstrato, que em situações ideais apresenta-se fechado.

Por sua vez, Derzi (1988:61, 113), reconhecendo a inexistência de uma estrutura tipológica fechada, parte de outro pressuposto teórico para entronizar o valor da segurança jurídica no direito tributário. Segundo a referida autora, nesse ramo do direito, assim como no direito penal, em razão da necessidade exacerbada de segurança jurídica na aplicação da lei, prevalecem os conceitos classificatórios sobre a estrutura tipológica.

Contudo, a abstração dos conceitos afasta a possibilidade de sua utilização para a qualificação do fato gerador da obrigação tributária, o qual, como descrição de uma conduta do contribuinte, é necessariamente estruturado de forma tipológica, como reconhece o próprio Larenz (1989:656) ao elencar os tipos jurídico-fiscais, ao lado dos tipos jurídico-penais, entre as espécies tipológicas.

---

[99] Vale destacar que Larenz (1989:660), citando Strache, deixa evidente o caráter aberto do tipo.

A própria segurança jurídica restaria arranhada se os fatos geradores tributários fossem veiculados por estruturas conceituais, uma vez que os tipos, como manifestações da realidade social e econômica, são bem mais concretos do que aquelas[100] e, portanto, mais adequados para descrever o fato-signo manifestador de capacidade contributiva.

Partindo ainda da distinção que Larenz estabelece entre conceito abstrato e tipo, não é difícil perceber as dificuldades teóricas por que passa a teoria da tipicidade fechada, ao defender a *subsunção* do fato imponível à hipótese de incidência. Sendo a norma tipológica aberta à realidade social e econômica, não ocorre a subsunção, fenômeno peculiar ao conceito, mas a coordenação do fato ao tipo. Segundo Larenz, o ideal num sistema jurídico seria a subsunção de todos os casos jurídicos a conceitos legais.

Destarte, considerando que esse ideal permanece inatingível, não tendo sido alcançado sequer no auge da jurisprudência dos conceitos,[101] surge a necessidade de, na maioria dos casos, o legislador lançar mão de tipos, que muitas vezes revelam uma pauta de valores que carecem de preenchimento. Afinal, são eles capazes, ao contrário dos conceitos abstratos, de coordenar a conduta humana em toda a sua riqueza e mutabilidade.[102]

Como se vê, portanto, a *subsunção* de um fato imponível a um tipo tributário inexiste como fenômeno representativo de

---

[100] Larenz (1989:656) cita Karl Engisch, em defesa de sua posição.
[101] A jurisprudência dos conceitos prevaleceu no auge do Estado liberal, servindo ao culto de ideias individualistas. Segundo Torres (2001:236), a jurisprudência dos conceitos, "com raízes no pandetismo alemão, defende, no campo da fiscalidade, as teses do primado do direito civil sobre o direito tributário, da legalidade estrita, da ajuridicidade da capacidade contributiva, da superioridade do papel do legislador, da autonomia da vontade e do caráter absoluto da propriedade. Corresponde, historicamente, ao apogeu do Estado liberal, que cultiva o individualismo possessivo".
[102] Larenz, 1989:644-645.

uma atividade desprovida de apreciação valorativa da realidade. O que ocorre por ocasião da incidência tributária é a *coordenação* de um fato jurídico praticado pelo contribuinte a um tipo legal que, como tal, ao ser aplicado, carece sempre, ou quase sempre, de uma apreciação axiológica, em maior ou menor grau, por parte do aplicador da lei. É a definição da hipótese de incidência pelo legislador que vai definir a maior ou menor abertura do tipo. No entanto, sempre restará ao intérprete um espaço de adequação da norma à realidade.[103]

Assim, o fato gerador da obrigação tributária se manifesta, indubitavelmente, pela descrição de uma conduta humana, descrição tipológica que, por natureza, sempre é aberta. Como salienta Engisch (1983:257), os tipos se abrem à aplicação teleológica do direito. Dessa forma, não existe tipicidade fechada no direito tributário, nem em qualquer outro ramo do direito, sendo admissível, de acordo com a definição de fato gerador adotada pela Constituição Federal, a utilização de conceitos indeterminados.

A constante comparação estabelecida por parte da doutrina — de que, aliás, a obra de Derzi (1988), *Direito tributário, direito penal e tipo*, é o mais eloquente dos exemplos — entre o tipo penal e o tipo tributário se baseia na subordinação da instituição de tributos, crimes e penas ao princípio da reserva de lei. No entanto, há mais dissonâncias do que identidades entre os dois ramos do direito.

A diversidade entre as funções das normas tributária e penal constitui o principal ponto a inviabilizar a equiparação dos critérios de interpretação estabelecidos em cada um dos

---

[103] Em sentido contrário, Engisch (1983:259) entende ser possível a utilização da expressão *subsunção* para designar aquilo que Larenz designa como coordenação do fato ao tipo. Observe-se, no entanto, que a divergência é muito mais de nomenclatura, não constituindo a posição de Engisch uma oposição real às conclusões de Larenz.

referidos ramos. A norma penal tem a função retributiva, visando evitar a prática do ato típico antijurídico,[104] e, portanto, é uma norma odiosa punitiva.

Já a lei tributária — abstraindo-se a radicalidade de parte da doutrina que a considera como norma de rejeição social,[105] posição superada em quase todo o mundo[106] — tem como função identificar a manifestação de riqueza suscetível de ser objeto da tributação, sem nunca perder de vista a quantificação do quinhão de cada contribuinte no custeio das despesas públicas.

Assim, se um fato praticado por um agente — ainda que pareça repulsivo e antijurídico à sociedade — não é considerado descrito na norma penal, a atipicidade impede que se observem consequências punitivas para quem quer que seja.

No direito tributário, ocorre fenômeno distinto. Como as despesas públicas são custeadas por exações instituídas conforme a capacidade contributiva dos mais variados segmentos de contribuintes, a caracterização da atipicidade de determinada conduta que revela o mesmo signo de riqueza identificado pelo legislador acabará por gerar consequências nocivas aos demais segmentos da sociedade.

Não obstante o fato de a absolvição de um acusado não levar qualquer outro cidadão à cadeia, o não pagamento de tributo por alguém que revela capacidade contributiva vai gerar, mais cedo ou mais tarde, a necessidade de o Estado negar prestações positivas a outro cidadão ou, o que é mais frequente, a imposição tributária a quem não revela capacidade contributiva.[107]

---

[104] Fragoso, 1986:2.
[105] Ver, por exemplo, Martins (1990:12).
[106] Jarach, 1996:298.
[107] No Brasil, o fenômeno é por demais conhecido, com a criação de tributos que, a despeito de não se adequarem ao princípio da capacidade contributiva, são prestigiados pelo legislador pela menor suscetibilidade à elisão fiscal.

A consagração da teoria da tipicidade fechada na doutrina brasileira representou o triunfo de uma peculiar opção, fora do contexto histórico mundial e sem paralelo em outros ramos do direito pátrio, da segurança jurídica como valor absoluto e insuscetível de ponderação com qualquer outro.[108]

A adoção do princípio da legalidade tributária pela Constituição Federal — o que, longe de representar uma peculiaridade nacional, como parecem sustentar alguns, é fruto da evolução da ciência do direito em todo o globo — não é desprestigiada pela superação das teorias ligadas ao positivismo formalista que recomendam a vinculação absoluta do aplicador do direito à norma.[109]

Na verdade, a maior prova de que essa tão propalada *legalidade tributária absoluta* não deriva da Constituição brasileira é o exame dos textos constitucionais dos países que adotam outros paradigmas na interpretação da lei tributária, todos consagrando o princípio da legalidade estrita na criação e majoração de tributos.[110]

O que diferencia a Constituição brasileira de 1988 dos outros textos constitucionais é uma minuciosa repartição de competências entre os entes federativos, o que só indiretamente é pertinente à matéria da legalidade. Na verdade, o tema da competência se prende muito mais à delimitação da capacidade contributiva visualizada pelo legislador constituinte, e que serve

---

[108] Observe-se que os próprios seguidores da doutrina formalista reconhecem o caráter peculiar dessa opção no panorama do direito comparado. Ver, por exemplo, Coêlho (1992:335) e Ives Gandra Martins (2000:45-81). Este último, aliás, justifica a necessidade de o contribuinte brasileiro ter maior proteção do que em outros países, devido à ganância do Estado brasileiro e ao subdesenvolvimento das instituições nacionais, despreparadas para a utilização dos mecanismos de combate à elisão adotados alhures — apreciação que obviamente extrapola os limites da ciência do direito.
[109] Uckmar (1999) revela que o princípio da legalidade tributária é adotado em todas as constituições vigentes, exceto, à época, na da ex-URSS, e reproduz, inclusive, os dispositivos constitucionais de diversos países.
[110] Ribeiro, 2002.

de limite à ação do legislador ordinário, do que à forma, mais ou menos casuística ou detalhada, que este último vai utilizar para a definição do fato gerador.

Assim, buscar na repartição constitucional das competências tributárias o arcabouço constitucional para uma tipicidade fechada é extrair da Constituição uma sistemática que não só nela não é prevista, como contraria todos os princípios por ela consagrados.

Como se vê, a Constituição brasileira, no que tange à consagração do princípio da legalidade tributária, não apresenta qualquer peculiaridade em relação ao direito comparado. O que há de diferente em nosso país é uma criação doutrinária sem lastro constitucional e em desacordo com os valores e princípios mais caros ao nosso ordenamento.

Como bem observado por Torres (2000c:185), a utilização das expressões *tipicidade fechada*, *legalidade estrita* e *reserva absoluta* de lei não deriva da nossa Constituição, mas de construção de nossa doutrina, embalada por questões mais ideológicas que científicas.

A possibilidade de o aplicador da lei expedir atos administrativos normativos para interpretar e detalhar a lei, a partir de uma valoração objetiva, não se traduz em aceitação do regulamento autônomo no direito tributário, o que contrariaria o princípio da reserva de lei. O regulamento sempre deverá se basear numa habilitação legal, mais ou menos precisa,[111] e respeitar o conteúdo mínimo e essencial reservado à lei.[112]

No estado democrático e social de direito, superada a dicotomia entre a vontade do monarca e a do povo representado pelo Parlamento, e estabelecida a necessidade de harmonização e interdependência dos poderes, o regulamento passa a ser um

---

[111] Ferreiro Lapatza, 1999:53.
[112] Calvo Ortega, 2000:100.

instrumento essencial para a definição dos aspectos técnicos das regras jurídicas, com a adequação à realidade de alguns conceitos indeterminados, de origem científica ou tecnológica, que nem sempre podem ser precisados pela dinâmica do Parlamento.

Desse modo, é compatível com a feição atual do princípio da legalidade que os aspectos técnicos da norma sejam definidos em regulamento, ficando o Poder Legislativo com a definição das grandes diretrizes políticas nacionais, fenômeno que não se revela estranho ao direito tributário.[113]

Em consequência desse entendimento, revela-se bastante equivocada a posição do Superior Tribunal de Justiça, espelhada no verbete nº 160 de sua súmula, que prevê que só a lei poderá elevar o valor venal do imóvel, para fins de definição da base de cálculo do IPTU, acima dos índices oficiais de correção monetária. Ora, tanto o CTN quanto o legislador municipal já definiram a base de cálculo do IPTU: o valor venal, que se traduz em valor de mercado.

A definição do valor de mercado de cada imóvel é função essencialmente administrativa, no desempenho na atividade lançadora. Não cabe ao Parlamento municipal deliberar sobre o valor dos imóveis em cada região. É o ato administrativo, a partir da realidade do mercado, que irá valorar o valor venal (a base de cálculo legal), sendo a planta de valores um mero mecanismo interno facilitador da atividade lançadora, que, nesse caso, deve se dar de ofício, nos termos do art. 149, I, do CTN.

Por outro lado, é imperioso reconhecer, como bem salienta Valdés Costa (1996:127), a dificuldade do legislador para o combate à fuga de impostos, notadamente a partir de definições legais muito detalhadas. Assim, o regulamento aparece como importante instrumento de combate à evasão fiscal, desde que

---

[113] González e Lejeune, 2000:47.

expedido dentro dos limites do tipo legal e respeitada a capacidade contributiva, ao concretizar e detalhar as situações abstratas previstas pelo legislador. Isso se dá, por exemplo, quando o regulamento identifica casos de incidência e não incidência, a partir da definição do fato gerador pela lei.

Princípio da irretroatividade

O princípio da irretroatividade, previsto no art. 150, III, a, da CF, veda a cobrança de tributos em relação a fatos geradores ocorridos antes do início da vigência da lei que os houver instituído ou majorado e tem como escopo a realização da segurança jurídica, resguardando o direito adquirido e o ato jurídico perfeito, insertos no art. 5º, XXXVI, da própria Constituição da República.

No entanto, o art. 105 do CTN determina que a lei tributária se aplica aos fatos geradores pendentes, isto é, aqueles que já se iniciaram, mas ainda não foram concluídos por ocasião da edição da lei. Se aceita a recepção do referido dispositivo legal pela CF, a aplicação do princípio fica esvaziada para os tributos com fato gerador complexo, como o imposto de renda, em que uma lei publicada no último dia do ano altera a tributação do ano-base que se encerra. Pela não recepção do dispositivo legal pela CF se posiciona, com a nossa adesão, a doutrina majoritária.[114]

No entanto, o STF continua aplicando a Súmula nº 584, que dá aplicação ao art. 105 do CTN estabelecendo que "ao imposto de renda calculado sobre os rendimentos do ano-base aplica-se a lei vigente no exercício financeiro em que deve ser apresentada a declaração".

---

[114] Por todos, ver Amaro (2003:117).

A justificativa que se apresenta para a o conteúdo da Súmula nº 584 repousa na teoria que distingue o fato jurídico e seus efeitos, interpretando o fenômeno jurídico tributário em dois momentos distintos: a hipótese e a consequência jurídica.

Nas palavras de Derzi,[115] ao comentar a decisão do Supremo Tribunal Federal[116] sobre o art. 18 do Decreto-Lei nº 2.323/87, que determinou a transformação, em OTN, do montante do imposto de renda a pagar por pessoas jurídicas, apurado em 31 de dezembro do ano anterior, cuja inconstitucionalidade foi declarada:

> a afronta ao fato jurídico perfeito, segundo o entendimento do Supremo Tribunal Federal, deu-se por meio da modificação dos efeitos já desencadeados pelo fato, atingindo-o de forma indireta. É inequívoca a correção desse pensamento, do ponto de vista lógico-jurídico. Sempre entendemos, e já sustentamos (...), que o fato gerador não é uma categoria ontológica, que subsiste de per si. É uma categoria funcional, que se explica na medida em que se produzam efeitos jurídicos. Mudados os efeitos a serem desencadeados pelo fato jurídico (nascimento de uma obrigação em dinheiro, pelo seu valor nominal, ou seja, sem relação monetária) ou já desencadeados (retroativamente), altera-se o próprio fato, pois a relação de implicação lógica entre a hipótese e consequência, segundo a qual, dado um fato *A* será a consequência (então dever ser *C*), é recíproca e intensiva. Isso significa que não é *C* (se não ocorrem os mesmos efeitos anteriores da consequência) então não é *A*, o fato gerador será outro, alterado.

---

[115] Ver Baleeiro (2000:666).
[116] STF. Ação de Representação de Inconstitucionalidade nº 1451-7. Rel. Min. Moreira Alves. j. 25.05.1988.

O extremo da tese distintiva entre o fato e a consequência jurídica levou o Supremo Tribunal Federal a considerar a existência de um *momento atemporal lógico* que separa o último segundo do dia 31 de dezembro do primeiro segundo do dia 1º de janeiro do ano seguinte.

A questão de fundo dessa celeuma consiste na recepção do art. 105 do CTN pelo texto fundamental em vigor, tendo em vista o princípio da irretroatividade esculpido do bojo do art. 150, III, da CF, como já anteriormente dito.

A doutrina majoritária defende a impossibilidade da tributação dos fatos geradores pendentes, ressaltando-se o pensamento de Amaro,[117] que representa o maior expoente dessa corrente:

> Se acolher a crítica que autorizada doutrina (Geraldo Ataliba; Paulo de Barros Carvalho) faz à classificação dos fatos geradores em instantâneos e periódicos, deve-se reconhecer que o tributo incide sobre a soma algébrica de diversos dados pertinentes ao ano-base (ou ao exercício social, no caso de pessoas jurídicas), e, portanto, só se pode afirmar a consumação ou o aperfeiçoamento do fato gerador com o término do período de sua formação. Ou seja, é necessário que se esgote o ciclo de sua formação (prevista em lei), para que ele se repute perfeito como fato gerador. Os ganhos obtidos, por exemplo, no início do período podem ser absorvidos por deduções ou abatimentos que se realizem posteriormente, até o final do ciclo, por isso não se pode sustentar que, desde o primeiro rendimento auferido no ano, já se instaura a relação obrigacional tributária; se o fato gerador periódico ainda não se consumou, inexiste a obrigação. Enfim, é preciso aguardar-se o término do período

---

[117] Ver Coêlho et al. (1987:88).

de formação, para que se possa atestar a própria existência do fato gerador (e não apenas sua dimensão). (...)

É realmente inacreditável que se continue insistindo em que a renda que não foi ganha até 31 de dezembro (ou 1º de janeiro) considera-se ganha nessa época, e que, portanto, a lei seria retroativa, considera-se não retroativa e, em decorrência, o que a Constituição exigia considera-se não mais exigido — tudo por força das virtualidades mágicas da lei ordinária.

Isso revela profundas desconsiderações pela lei fundamental, desprezo que culmina — quando se traz à colação o princípio da anterioridade — com a assertiva de que só exige lei anterior ao lançamento do tributo, como, se, transpondo a questão do direito penal, bastasse lei anterior ao "lançamento da pena" pelo Estado, no lugar de lei anterior ao delito.

Não podemos compactuar com equívocos tão irritantes quanto antigos, e, de costas voltadas para a Constituição, continuar a constituir aquilo que ela, solenemente, proíbe.

Na realidade, o que se verifica é o esvaziamento dos pressupostos teóricos da Súmula nº 584 do STF, considerando a impossibilidade de separação entre o fato e seus efeitos, assim como a antinomia da referida súmula com o texto constitucional.

Princípio da anterioridade

Prescreve o art. 150, III, b, da CF que é vedada a cobrança do tributo no mesmo exercício financeiro em que foi publicada a lei que o instituiu ou majorou.

Até a Constituição de 1967, o princípio da anualidade estabelecia que os tributos deveriam ser previstos no orçamento antes de serem cobrados. Porém, já sob a égide da Constituição de 1946, o STF atribuía ao princípio da anualidade o conteúdo que veio a ser consagrado na anterioridade. Embora quase toda doutrina considere que a Constituição de 1988 não prevê o princípio da anualidade tributária, o professor Novelli (1995:21) sustenta a sua subsistência com base nos princípios orçamentários. Contudo, nos parece que, como observa Machado (1989:30), tal princípio não se traduz numa garantia do contribuinte, mas em regra aplicável somente ao direito financeiro.

Embora ilustres autores[118] defendam que o fenômeno da anualidade e o da anterioridade postergam a vigência da lei instituidora até que entre em vigor o orçamento ou até o início do exercício seguinte, respectivamente, ou seja, que tais princípios se confundiriam com uma *vacacio legis* peculiar a esse tipo de norma, teve mais destaque, no Brasil, a tese de que a lei instituidora do tributo é uma lei imperfeita, que só teria plena atuação após a aprovação da lei de orçamento.[119]

No entanto, a lei instituidora do tributo não é uma lei imperfeita, visto que não há qualquer vício intrínseco a ela, de modo que nos demais dispositivos tem aplicação desde a vigência. Na verdade, a lei tributária antes do exercício seguinte ao da sua publicação (anterioridade) ou no exercício em que não há previsão do tributo por ela instituído no orçamento é uma lei perfeita que, no plano da vigência, não apresenta qualquer singularidade.

O que ocorre nesses casos é um fenômeno no plano da eficácia. A lei, nessa situação, não se aplica aos fatos geradores ocorridos no período de tempo que durar o fenômeno, seja até o primeiro dia do exercício seguinte, seja até a nova inclusão do tributo no orçamento, caso se trate de anterioridade ou anualidade. Cabe transcrever a lição de Novelli (1979:90), *in verbis*:

---

[118] Por exemplo, Dória (1968:68) e Fanucchi (apud Novelli, 1979:90).
[119] Defenderam a tese da lei imperfeita juristas de escol como Baleeiro (2001:151); Falcão (1976:40); e Bilac Pinto (s.d., p. 37).

No que particularmente respeita à anualidade tributária, esse reconhecimento e essa materialização operam-se, com certeza, e em dois momentos distintos, na lei orçamentária anual, ou, para ser mais exato, na instituição constitucional e financeira em que consiste o denominado orçamento fiscal. Primeiro que tudo, em razão de estar este, por explícita determinação constitucional (CRFB, art. 165, nº III, §§5º, 8º e 9º, nº I; art. 166, e §§3º e 6º), igualmente sujeito à limitação temporal a que essencialmente corresponde a regra fundamental da anualidade (orçamentária). Na concepção do nosso direito constitucional positivo, a anualidade dos tributos liga-se, portanto, necessariamente, à anualidade do orçamento, não apenas, segundo já se disse, como decorrência ou "consequência obrigatória", mas, antes ainda, como um seu aspecto ou momento propriamente constitutivo, visto que a anualidade do orçamento não existe independentemente: primeiro, da anualidade dos tributos e, depois, da anualidade da despesa ou, ainda melhor, da anualidade de toda a atividade financeira. Aliás, Montesquieu já entrevira, há cerca de dois séculos e meio, que a anualidade orçamentária a bem dizer se resolve, sob a perspectiva da liberdade política, na anualidade dos tributos.

Por outro lado, o princípio da anualidade tributária também se materializa institucionalmente no orçamento fiscal, com caráter radicalmente normativo, por via do preceito, hoje enunciado no art. 5º, §2º, da CF, segundo o qual a enumeração, por esta, de direitos e garantias, não exclui outros, não enumerados, decorrentes do regime e dos princípios por ela adotados.

A anualidade tributária decorre, portanto, do próprio regime democrático, bem assim como dos princípios do estado de direito, da anualidade do orçamento e da legalidade (em sentido amplo) da tributação, o qual, por sua vez, corresponde a princípio dotado de "eficácia institucional", que, além de vincular o legislador, limitando-lhe o exercício do poder normativo primário, tem, por isso que nele assenta garantia fundamental do contribuinte, aplicação imediata como direito positivo, porque nele assenta garantia fundamental do contribuinte (art. 5º, §1º, CF).

Não estão sujeitos ao princípio da anterioridade o IPI, o IOF, o II e o IE (art. 150, §1º, CF), em razão das funções extrafiscais que imperam nesses impostos. Na mesma lógica inserem-se o imposto extraordinário de guerra e o empréstimo compulsório de guerra e calamidade pública, devido à urgência na instituição deles, além da contribuição de intervenção do domínio econômico e o ICMS incidentes sobre o petróleo, por seu caráter estratégico.

Com a edição da Emenda Constitucional nº 42, de 19 de dezembro de 2003, além de ser vedada, em regra, a cobrança de tributo "no mesmo exercício financeiro em que haja sido publicada a lei que os instituiu ou aumentou" (art. 150, III, b, CF), veda-se a cobrança de tributo antes de decorridos "90 dias da data em que haja sido publicada a lei que os instituiu ou aumentou, observado o disposto na alínea b" (art. 150, III, c, CF).

A nova redação da Constituição modificou sobremaneira o princípio da anterioridade, determinando-se que a exigência do tributo deve ocorrer no exercício financeiro seguinte à sua instituição e, ainda, que se observe o lapso de 90 dias entre a data da publicação da lei que houver instituído ou aumentado o tributo e a sua cobrança.

O art. 150, §1º, da CF, com a nova redação dada pela citada emenda constitucional, dispõe, entretanto, que não estão sujeitos à aplicação de seu art. 150, III, c (observância do prazo de 90 dias para cobrança do tributo, a contar da data da publicação da lei que o instituiu ou aumentou) o empréstimo compulsório de guerra e calamidade pública, o II, o IE, o IR, o IOF, o imposto extraordinário de guerra e a fixação da base de cálculo do IPVA e IPTU.

Nesse sentido, como é possível notar, os tributos considerados extrafiscais foram excluídos da aplicação da nova regra, em razão de suas características especiais (atender a situações especiais e de controle da economia). No entanto, foi feita exceção, de certa forma contraditória, com relação ao IPI, que se subordina ao novo regramento.

Vale lembrar, ainda, que o IR também não se sujeita ao prazo de 90 dias disposto no art. 150, III, c, da CF, legitimando-se, assim, leis que majoram o IR no final do ano, para que sua exigência ocorra logo no primeiro mês do ano seguinte ao de sua publicação.

Com relação às contribuições destinadas à seguridade social, aplica-se o princípio da "anterioridade mitigada ou nonagesimal, que prescreve a aplicação da lei apenas em relação a fatos geradores ocorridos 90 dias após a publicação da lei que as instituiu ou majorou" (art. 195, §6º, CF).

Em relação a fatos geradores complexos ocorre um esvaziamento do seu conteúdo, também no que concerne ao princípio da anterioridade, em razão da aplicação da Súmula nº 584 do STF, conforme estudado no item relativo ao princípio da irretroatividade.

Ademais, vale chamar atenção para o disposto na Súmula nº 669 do STF, que estabelece que "norma legal que altera o prazo de recolhimento da obrigação tributária não se sujeita ao princípio da anterioridade".

A revogação de isenção e a anterioridade

Outra questão polêmica diz respeito à necessidade de observância do princípio da anterioridade em caso de revogação de isenção. Embora o art. 104, III, do CTN disponha sobre a matéria, o deslinde da questão não prescinde do exame do conceito de isenção.

De acordo com a doutrina mais antiga, na esteira do pensamento de Rubens Gomes de Sousa,[120] a isenção se traduzia na dispensa legal do pagamento do tributo. Logo, o fato gerador ocorria, mas a lei dispensaria o pagamento do tributo. Para os seguidores dessa corrente, a revogação de isenção não significaria criação de tributo. Dessa forma, o respeito à anterioridade não seria exigível pela Constituição da República. Essa corrente, apesar dos seus fracos arcabouços teóricos, foi consagrada pela Súmula nº 615 do STF, aplicando-se a anterioridade na revogação de isenção em relação aos impostos sobre patrimônio e renda por força do art. 104, III, do CTN.

A limitação material do dispositivo do CTN alicerça a posição do STF consagrada na referida súmula, de que o princípio não se aplica quando a revogação for de isenção de ICMS. No entanto, mesmo que fosse aceita a tese de que a isenção pressupõe a ocorrência do fato gerador — o que só é admitido para se argumentar —, a solução dada pelo pretório excelso não nos parece correta, na medida em que, se a isenção pressupõe a ocorrência do fato gerador, não há aplicação da anterioridade constitucional. Ao mesmo tempo, tampouco se aplicaria o art. 104, III, do CTN, que nos parece não teria sido recepcionado pela Constituição de 1967.

Para justificar esse raciocínio, recordemos a história do art. 104 do CTN. Até a Constituição de 1946, era consagrado expressamente o princípio da anualidade. Porém, valendo-se de uma interpretação patriótica, como vimos, o STF criou o princípio da anterioridade, nunca antes visto. Com a EC nº 18/65,

---

[120] Novelli (1995:68 e segs.) faz uma contundente, mas procedente, crítica à tese de Rubens Gomes de Sousa sobre o conceito de isenção.

constitucionalizou-se a jurisprudência do STF, acabando com o princípio da anualidade e positivando o que hoje entendemos por anterioridade. Mas a EC nº 18/65 restringiu a anterioridade (na época ainda chamada de anualidade) aos impostos sobre o patrimônio e renda, e essa disciplina foi, então, reproduzida pelo art. 104 do CTN.

No entanto, a Constituição de 1967 acabou com a anterioridade, fazendo ressurgir a velha anualidade. Assim, a partir do momento em que a CR/67 deixou de consagrar o princípio da anterioridade, o art. 104 não foi recepcionado, deixando de existir no ordenamento, pois, como já visto, o papel da lei complementar é regular as limitações ao poder de tributar, e não criar tais limitações. Com a EC nº 01/69 tal princípio da anterioridade retorna ao texto constitucional, mas nem por isso o referido art. 104 foi repristinado.

Portanto, a discussão não tem como base o art. 104 do CTN. Afinal, ou bem a anterioridade deve ser obedecida pelo que está na Constituição, ou não, sendo, portanto, a disciplina do art. 104 do CTN inteiramente irrelevante para o deslinde da questão.

Para dar cumprimento à regra constitucional do art. 150, III, b, é preciso voltar ao conceito de isenção para verificar se a revogação desta se traduz, ou não, em criação de tributo. Sem sombra de dúvida, prevalece hoje a corrente que defende ser a isenção uma não incidência legalmente qualificada, conforme sustentou Borges (1969:109).

Segundo Novelli (1995:68), a relação entre a lei de isenção e a lei de incidência é uma relação de especialidade. No caso, a lei de incidência é a regra geral que vai se aplicar a todos os casos; a lei de isenção é a lei especial que vai ser aplicada a determinado caso. Então, prevalecerá a lei específica sobre a lei geral. Ocorre, portanto, o fenômeno de derrogação, e não de revogação.

Logo, para essa corrente, o fato gerador não ocorrerá na isenção. Revogada a isenção, o tributo volta a incidir. Portanto, a lei que revoga a isenção está criando tributo, devendo ser respeitada a anterioridade por imposição constitucional do art. 150, III, b, em qualquer caso de revogação de isenção.

Insta ressaltar posição recente do STF,[121] explicitada no Informativo nº 514 do aludido Tribunal, acerca da redução e extinção de descontos no pagamento de IPVA instituídos pela Lei Estadual nº 15.747/07 do Paraná, que em seu art. 3º determina que a lei entrará em vigor na data de sua publicação. O STF considerou que a aludida norma não viola o princípio da anterioridade tributária eis que,

> se até mesmo a revogação de isenção não tem sido equiparada pela Corte à instituição ou majoração de tributo, a redução ou extinção de um desconto para pagamento do tributo sob determinadas condições previstas em lei, como o pagamento antecipado em parcela única (à vista), também não o poderia. Afastou-se, também, a assertiva de que qualquer alteração na forma de pagamento do tributo equivaleria a sua majoração, ainda que de forma indireta, e reportou-se ao entendimento do Supremo de que a modificação do prazo de recolhimento da obrigação tributária não se sujeita ao princípio da anterioridade (Enunciado nº 669 da Súmula).

Princípio da liberdade de tráfego[122]

O art. 150, V, da CF proíbe que a tributação venha a constituir embaraço à circulação de bens e pessoas pelo território

---

[121] ADI nº 4016 MC/PR. Rel. Min. Gilmar Mendes. j. 01.08.2008 (ADI-4016).
[122] Ver também, no capítulo 2, a discussão acerca da natureza jurídica do pedágio.

nacional. Não se veda a tributação interestadual ou intermunicipal, mas sim que a transposição da fronteira do estado ou do município seja o elemento essencial na tributação.

Ressalve-se, contudo, a cobrança do pedágio pela utilização das vias públicas, embora seja discutível a natureza tributária deste.

Finalmente, o princípio da liberdade ao tráfego não sofre qualquer tipo de agressão em função da cobrança do ICMS (imposto de circulação de mercadorias e serviços). Isso porque tal exação não limita a circulação de bens e pessoas, vez que possui mecanismo de controle para a sua cobrança, como, por exemplo, a limitação de suas alíquotas pelo Senado federal e a concessão de isenções mediante convênio entre todos os estados da federação.

Questões de automonitoramento

1. Após ler este capítulo, você é capaz de resumir o caso gerador, identificando as partes envolvidas, os problemas atinentes e as possíveis soluções cabíveis?
2. Discorra sobre a natureza jurídica das limitações constitucionais ao poder de tributar.
3. Qual a relação entre o princípio da legalidade e o poder de tributar do Estado?
4. Relacione o fato gerador do imposto de renda ao princípio da irretroatividade tributária.
5. É aplicável o princípio da anualidade aos tributos? Qual seria a diferença desse princípio para o da anterioridade?
6. Pense e descreva, mentalmente, outras alternativas para a solução do caso gerador.

4

Limitações ao poder de tributar II

Caso gerador

A Lei nº 2.955/99 do município do Rio de Janeiro fixou três alíquotas únicas para o IPTU a ser cobrado a partir do exercício de 2000: uma para o imóvel residencial (1,2%), uma para o não residencial (2,8%) e uma para o territorial (3,5%). Um contribuinte impetrou mandado de segurança sob o fundamento de que essa diferenciação de alíquotas caracterizaria uma progressividade vedada pela Constituição Federal, já que o IPTU é um imposto real, além de violar o princípio da isonomia. Analise a questão em função do que dispõem os arts. 156, §1º (redação original e atual), e 182, §4º, II, ambos da CR/88.

Roteiro de estudo

Princípio da isonomia

O art. 150, II, da CF proíbe a distinção entre contribuintes que se encontrem na mesma situação, sendo vedadas distinções baseadas na ocupação profissional ou função por eles exercida, bem como na denominação dos rendimentos, títulos ou direitos.

São vedadas também as distinções baseadas em sexo, religião, raça, ideologia, nacionalidade ou qualquer discriminação atentatória aos direitos e liberdades fundamentais (art. 5º, CF), bem como as que se baseiem em características pessoais destituídas de conteúdo econômico, como, por exemplo, a altura ou o peso da pessoa, e que não revelam capacidade contributiva.

No entanto, o princípio da isonomia não se esgota com o tratamento idêntico aos iguais. É preciso ainda, como bem salientava Rui Barbosa em sua "Oração aos moços",[123] "quinhoar desigualmente aos desiguais, na medida em que se desigualam".

Portanto, diante de uma lei que conceda um tratamento diferenciado a determinada categoria ou segmento social, é necessário verificar se a distinção é odiosa ou tutelada pelo ordenamento jurídico, seja por questões relativas ao desenvolvimento econômico ou ao equilíbrio inter-regional, seja em consideração à capacidade contributiva.[124]

Como bem assinala Tipke (1984), a igualdade, ao contrário da identidade, é sempre relativa, pois o que é completamente igual é idêntico. Há que se inquirir em relação a que as coisas são iguais e, a partir daí, averiguar se as distinções encontradas justificam, de fato, a atribuição de um tratamento diferenciado pelo legislador tributário.

As distinções que devem ser levadas em consideração pela lei são as que se baseiam numa diferente manifestação de riqueza, salvo se presente outro fundamento a se ponderar com a capacidade contributiva.

---

[123] Apud Torres, 2003:67.
[124] Torres, 2000a:65.

No entanto, não é dado ao Poder Judiciário estender, com base no princípio da isonomia, um benefício fiscal, ainda que legítimo, a quem não foi contemplado pela lei, pois se assim agisse estaria invadindo o espaço destinado ao Poder Legislativo e violando a separação de poderes ao desempenhar a função de legislador positivo, conforme posição pacífica do Supremo Tribunal Federal.

Princípio da capacidade contributiva

O princípio da capacidade contributiva, uma decorrência do princípio da isonomia, é previsto no art. 145, §1º, da CF, que determina que, sempre que possível, os impostos sejam graduados de acordo com a capacidade econômica do contribuinte. Segundo Torres (2000a:79), o princípio determina "que cada um deve contribuir na proporção de suas rendas e haveres, independentemente de sua eventual disponibilidade financeira".

O princípio tem uma acepção objetiva, significando que o legislador deve escolher como fato gerador do tributo um ato que seja revestido de conteúdo econômico, ferindo o princípio da capacidade contributiva a tributação de atos que não se traduzam em signos presuntivos de manifestação de riqueza, como o uso de barba e bigode, por exemplo.

Em seu aspecto subjetivo, o princípio se destina a aferir a capacidade de pagamento de cada um, graduando-a de acordo com o fato gerador de cada tributo. Assim, por exemplo, a capacidade contributiva no IPTU é mensurada pela propriedade de imóveis urbanos, e não pela renda. Então, hipoteticamente, se uma senhora viúva possui um vasto patrimônio imobiliário, herdado do falecido marido, que, no entanto, deixou-lhe uma pífia pensão do INSS, há capacidade contributiva para pagar o imposto sobre a propriedade, embora não haja disponibilidade financeira.

A capacidade contributiva consiste na manifestação econômica, identificada pelo legislador, vale repisar, como signo presuntivo de riqueza a fundamentar a tributação, e embora as expressões capacidade econômica e capacidade contributiva sejam utilizadas como sinônimas, é correta a distinção de Carrera Raya (1993:92), segundo a qual a primeira designa a disponibilidade da riqueza, ou seja, de meios econômicos, enquanto a última se refere à capacidade econômica eleita pelo legislador como fato gerador do tributo.

Assim, como não é possível ao legislador identificar a capacidade contributiva de cada pessoa, ele visualiza situações que a revelam: são os fatos geradores dos impostos. É por esse motivo que a existência de um sistema tributário atende melhor ao princípio da capacidade contributiva do que a ideia de imposto único. Como é óbvio presumir, deve tal sistema ser concebido à luz de fatos geradores que se revelem em signos de manifestação de riqueza e que sejam harmônicos entre si, e não pela circunstância de, simplesmente, se moldarem a uma arrecadação menos complexa.[125]

Dessa forma, de acordo com o princípio da capacidade contributiva em seu aspecto objetivo, os fatos geradores de cada imposto têm origem em duas espécies de riqueza: a renda e o patrimônio. Os demais fatos geradores previstos no sistema tributário devem constituir desdobramentos desses dois fenômenos econômicos; em verdade, eles compõem técnicas diferentes para se atingir o mesmo resultado.

Obviamente, quando se reduzem os signos de manifestação de riqueza à renda e ao patrimônio, essas expressões são utilizadas em sentido bem mais amplo do que aquele que lhes

---

[125] Não que os demais tributos também não se subordinem ao princípio da capacidade contributiva. Tal assunto será abordado mais adiante.

é conferido pela legislação definidora dos impostos que sobre eles incidem.

Retrata bem essa linha de raciocínio a ideia de Pérez de Ayala (1968:89), segundo a qual a riqueza é manifestada tanto por meio de uma visão fotográfica quanto cinematográfica. A visão fotográfica e, portanto, estática se refere ao patrimônio, enquanto o prisma cinematográfico, ou seja, dinâmico exige uma delimitação temporal a determinado período, exemplo típico do que ocorre com a renda.

Vale ainda ressaltar que, diante do binômio renda/patrimônio como signos presuntivos de riqueza, os impostos pessoais devem ter como fato gerador algum fenômeno que revele a renda disponível para a pessoa física, e o lucro, quando se tratar de empresas, como assinala Tipke.[126]

Nos impostos reais, por seu turno, a riqueza é revelada pelo patrimônio, estando a capacidade contributiva, nesse caso, também relacionada com a função social da propriedade, tendo-se por base um ordenamento em que os direitos do proprietário não são absolutos. A função social da propriedade, atualmente, não é mais encarada como um limite extrínseco aos direitos do proprietário, mas como verdadeiro fundamento do direito à propriedade.[127]

Nesse sentido, uma de suas funções sociais seria contribuir, por meio de uma parcela de seus frutos, para o atendimento das despesas públicas. Assim, por questões de natureza lógica, a tributação não pode atingir senão os rendimentos do patrimônio.[128]

Ainda segundo Tipke (1999:65), não ofende o princípio da igualdade a tributação dos rendimentos do capital de forma

---

[126] Segundo Tipke (1999:64), "todo cidadão deve pagar impostos em conformidade com o montante de sua renda disponível para o pagamento de impostos; toda empresa deve pagar impostos de acordo com o montante de seu lucro".
[127] Herrera Molina, 1998:94.
[128] Tipke, 1999:63.

mais onerosa que os rendimentos do trabalho. Ao contrário, em face do primado constitucional do trabalho, trata-se de medida que expressa a mais alta justiça.

Quanto à sua eficácia, a capacidade contributiva é princípio cogente,[129] obrigando não só o legislador, mas também o aplicador da lei,[130] seja pela atividade regulamentar, seja pela atividade jurisdicional.

Podemos vislumbrar essa característica quando o Poder Judiciário afasta a aplicação de uma regra que prevê uma isenção que propicia um privilégio odioso; ou, ainda, no reconhecimento pelo juiz de que, embora o tributo esteja previsto em lei, determinado segmento de contribuintes não revela capacidade contributiva para suportá-lo, seja porque foi violado seu mínimo existencial, seja porque a situação definida em lei como reveladora de riqueza não produz esse efeito em relação ao segmento considerado.[131]

No entanto, tal possibilidade não habilita o juiz, no caso concreto, a reconhecer a ausência de capacidade contributiva de determinado contribuinte quando a lei, em sua acepção genérica, não se revelar violadora do princípio. Destarte, se o tributo é fixado de forma adequada ao signo de manifestação de riqueza revelado pelo fato gerador previsto em lei, a exclusão de determinado contribuinte por motivos individuais se traduziria num privilégio odioso.[132]

Vale consignar que o mesmo não ocorre quando a aplicação da norma se revela inconstitucional para determinado grupo

---

[129] Está inteiramente superada historicamente a tendência de se considerar a capacidade contributiva como um princípio programático, como salienta Carrera Raya (1993:94).
[130] Torres, 2003:81; e Carrera Raya, 1993:91.
[131] Sobre o conceito de privilégio odioso, ver Torres (1999:341).
[132] Em sentido contrário, Domingues Oliveira (1998:147) sustenta a possibilidade de a lei ser considerada constitucional em sentido genérico e, ainda assim, violadora da capacidade contributiva de determinado contribuinte.

de contribuintes, em sentido genérico. Nesse caso, tal previsão normativa não deve ser aplicada a esse grupo específico, sendo válida em relação aos seus demais destinatários.

Também não parece possível a modificação judicial da alíquota do tributo pela declaração parcial de inconstitucionalidade da lei tributária, por apenas em parte superar a capacidade contributiva.[133]

Se a tributação tornou-se excessiva em razão de um aumento de alíquota, a declaração de inconstitucionalidade da lei teria o condão de restabelecer a legislação anterior do imposto. No entanto, se a fixação desmedida do tributo se der por ocasião de sua primeira instituição, não restará solução senão a declaração de inconstitucionalidade em relação àquela exação.

Ressalte-se que, caso o Poder Judiciário pudesse reduzir a alíquota do tributo, estaria estabelecendo regra não prevista pelo Poder Legislativo, invadindo o espaço de conformação deste e legislando positivamente.

Quanto à sua extensão, o princípio da capacidade contributiva não se aplica unicamente aos impostos, como podem imaginar os intérpretes mais apressados do art. 145, §1º, da CF. Se a capacidade contributiva deriva da igualdade, aplica-se mesmo quando não prevista expressamente na Constituição, como é o caso do texto fundamental da Alemanha, ou o do Brasil, no interstício 1965-88.

Assim, não se pode afastar a sua aplicação em relação aos demais tributos pelo simples fato de o texto constitucional utilizar a palavra *impostos* em vez de *tributos*. Embora a Constituição se refira somente aos impostos, porquanto nessa espécie tributária só há riqueza do contribuinte a se mensurar,

---

[133] Em posição divergente, Domingues Oliveira (1998:155) considera possível a redução da alíquota pelo magistrado a partir da declaração parcial da constitucionalidade da lei.

tal princípio também é aplicável aos tributos vinculados, como a taxa, conforme já reconheceu o STF,[134] e à contribuição de melhoria, por meio da desoneração dos hipossuficientes.[135]

É bem verdade que, nos impostos, dado o seu caráter de tributo não vinculado, o princípio da capacidade contributiva tem uma acepção mais ampla; afinal, não havendo grau de referibilidade direta entre estes e determinada atividade estatal, o único critério quantitativo a ser levado em conta pelo legislador é a riqueza do contribuinte.

De toda forma, vale repisar, isso não significa que os demais tributos não se subordinem ao referido princípio; ao contrário, devem todos eles apresentar como fato gerador um ato que revele conteúdo econômico.[136]

Nas taxas, por exemplo, embora o fato gerador seja vinculado a uma atividade estatal específica em relação à pessoa do contribuinte, a capacidade contributiva pode ser reconhecida para a concessão de isenção àqueles que, embora beneficiários da atividade estatal, não possuam riqueza a ser tributada. É o que ocorre, por exemplo, no fornecimento gratuito de certidões de óbito e no registro do casamento civil para os comprovadamente pobres (art. 5º, LXXVI, CF).[137]

Por outro lado, o valor a ser exigido em razão da taxa pode também variar de acordo com a capacidade contributiva, como já foi reconhecido pelo STF no julgamento supracitado, desde que não seja maculada a referibilidade entre o valor exigido e a complexidade da atividade estatal.

Nessa linha, se a maior capacidade contributiva se dá em decorrência da complexidade e onerosidade para a administração da atividade estatal, é possível a sua consideração como

---

[134] STF. Pleno. RE nº 177.835/PE. Rel. Min. Carlos Velloso. *DJU*, 25 maio 2001, p. 18.
[135] Torres, 2003:87.
[136] Calvo Ortega, 2000:85.
[137] Seixas Filho, 1990:58.

se deu em relação à taxa da CVM, em que as empresas que demandavam maior fiscalização, de acordo com o critério adotado pelo legislador, eram as de maior patrimônio líquido, o que não deixa de ser um signo de maior manifestação de riqueza. Assim, segundo ficou assentado na referida decisão do STF, é essencial que o critério de distinção escolhido pelo legislador para mensurar a taxa, além de atender ao princípio da capacidade contributiva, também guarde relação com a atividade estatal.[138]

No que tange às contribuições de melhoria, a capacidade contributiva é medida pela própria valorização imobiliária. Ademais, pode haver isenção para aquelas propriedades que, embora tenham sofrido valorização imobiliária, ainda não revelam capacidade para contribuir.[139]

Quanto às contribuições parafiscais e aos empréstimos compulsórios que não possuem fatos geradores próprios, utilizando-se dos fatos geradores de impostos e taxas, assim como esses, deverão respeitar a capacidade contributiva, nos termos acima definidos.[140]

Conflitos da capacidade contributiva com outros interesses almejados pela tributação

Durante muito tempo, uma visão exclusivista do princípio da capacidade contributiva — concebido como uma orientação de caráter absoluto — levou à crise de tal princípio diante da ocorrência de alguns fenômenos como, por exemplo, a extrafiscalidade. Os contornos normalmente fixados pela doutrina para a formulação da capacidade contributiva não pareciam suficientes para a explicação do fenômeno da tributação extrafiscal.

---

[138] STF. Pleno. RE nº 177.835/PE. Rel. Min. Carlos Velloso. DJU, 25 maio 2001.
[139] Oliveira, 1998:109.
[140] Ibid., p. 112.

Nesse contexto, o princípio em tela reduzia-se à mera proibição do arbítrio e, embora fosse até levado em consideração pelos tribunais, poderia ser afastado diante de qualquer alegação, desde que fundamentada.[141]

No entanto, não é suficiente a simples alusão a um objetivo extrafiscal ou à praticidade da arrecadação para afastar, como num passe de mágica, a aplicação da capacidade contributiva. A contradição entre esta e outros valores caros ao direito é resolvida mediante a ponderação de interesses e a aplicação do princípio da razoabilidade.

Tais conflitos, como assinala Herrera Molina (1998:77), podem se dar entre os próprios elementos integrantes da capacidade contributiva — como, por exemplo, a aplicação de um critério de progressividade que afete o princípio da renda líquida, o que o referido autor denomina "conflito interno" — ou entre a capacidade contributiva e outros princípios jurídicos em relação a objetivos almejados pelo legislador, como a extrafiscalidade e a praticidade administrativa, configurando os denominados "conflitos externos".

Os conflitos internos podem se manifestar até mesmo entre o distanciamento da previsão abstrata da norma que concebia determinado critério de distinção como relevante, do ponto de vista da manifestação de riqueza, e a sua adequação aos fatos concretos. Exemplo desse conflito se dará na legislação do IPTU progressivo que venha a determinar uma diferenciação de alíquotas em razão da localização do imóvel (art. 156, §1º, CF, conforme a redação dada pela EC nº 29/00).

Destarte, se tal diferenciação se traduzir numa alíquota majorada para os bairros mais nobres, a aplicação dessa alíquota aos imóveis de baixo valor, ainda que localizados nesses

---

[141] Herrera Molina, 1998:77.

bairros, revelar-se-á desastrosa para a capacidade contributiva. A solução desse conflito, nesse exemplo, se daria, então, pelo afastamento da progressividade.[142]

Por vezes, esses conflitos internos podem ser resolvidos por meio de uma hierarquização dos elementos internos da capacidade contributiva. Desse modo, a progressividade não poderá dar à tributação um caráter confiscatório, do mesmo modo que é vedado à proporcionalidade atingir o mínimo existencial.

Em tais exemplos se torna fácil perceber a referida hierarquização, pois tanto a vedação do confisco como também a imposição de respeito ao mínimo existencial constituem limites à capacidade contributiva. No entanto, no mais das vezes, essa facilidade de percepção não se apresenta na prática, devendo assim o aplicador resolver o impasse por meio da ponderação entre os elementos que integram o caso concreto.

Os conflitos externos, por seu turno, ocorrem entre a capacidade contributiva e outros princípios e normas do próprio sistema constitucional. A justiça e a igualdade, por exemplo, concretizadas pelo princípio da capacidade contributiva, podem entrar em tensão com o valor da segurança jurídica e com o princípio da legalidade.

A ponderação entre a capacidade contributiva e a legalidade, sem que *a priori* se possa defender a prevalência de quaisquer delas, não dá margem para que o juiz possa tributar o contribuinte apenas com base na capacidade contributiva, sem que haja previsão legal do tributo. A capacidade contributiva

---

[142] Veja-se o caso das favelas localizadas nos morros da Zona Sul do município do Rio de Janeiro; se adotado o regime progressivo em razão da localização do imóvel de acordo com o bairro, teriam os imóveis ali localizados uma alíquota maior do que imóveis bem valorizados da Zona Norte da cidade, estabelecendo-se uma verdadeira regressividade. Registre-se que, até o momento, o município do Rio de Janeiro não adotou a progressividade do IPTU na forma da EC nº 29/00.

externada e que, portanto, será tributada estará prevista na lei, em respeito à segurança jurídica.

Por sua vez, o legislador definirá o fato gerador do tributo de acordo com a capacidade contributiva, e o aplicador do direito irá interpretar a lei em consonância com o referido princípio. As cláusulas antielisivas e a adoção de conceitos indeterminados e de cláusulas gerais na definição de fatos geradores de tributos constituem exemplos da tendência à ponderação entre legalidade e capacidade contributiva pelo próprio legislador, com a primeira cedendo espaço à última. Já a vedação do uso da analogia para a criação de tributo pelo §1º do art. 108 do CTN constitui exemplo de prevalência da segurança jurídica sobre a capacidade contributiva.

Os conflitos externos também se configuram no fenômeno da extrafiscalidade — tensão muitas vezes não compreendida pela doutrina. Muitos autores ainda hoje defendem o afastamento da capacidade contributiva em nome do estabelecimento de uma política extrafiscal nos campos social, econômico, ambiental e da saúde por meio da tributação.[143]

Foi justamente essa tendência que ocasionou o desprestígio do princípio da capacidade contributiva nos anos 1960 e 1970. No entanto, como é quase consenso na moderna doutrina, não se pode afastar a aplicação da capacidade contributiva diante de um mero objetivo extrafiscal. É preciso, ao contrário, que o objetivo extrafiscal seja razoável[144] e que prevaleça diante de um juízo de ponderação de valores entre a igualdade e a capacidade contributiva,[145] a fim de que não sejam criados privilégios odiosos sob o manto da extrafiscalidade.[146]

---

[143] Ver, por todos, Carrera Raya (1993:94).
[144] Pérez Royo, 2000:37.
[145] Herrera Molina, 1998:100.
[146] Torres, 2003:86.

Em nosso país, o Supremo Tribunal Federal teve oportunidade de reconhecer a necessidade de que o objetivo extrafiscal seja razoável, não transbordando para o arbítrio. Podemos analisar tal aspecto no julgamento em que se discutiu a constitucionalidade do critério temporal de distinção promovida pelo art. 6º do Decreto-Lei nº 434/88 para a concessão de isenção do IOF incidente sobre as operações de câmbio vinculadas às importações.[147]

De fato, a quebra do tratamento igualitário conferido pelo legislador aos que revelam a mesma capacidade contributiva só pode se dar em função da finalidade extrafiscal, como observa Ferreiro Lapatza (1999:62), caso estejam presentes os requisitos mínimos do referido princípio e quando os fins extrafiscais almejados sejam também amparados pela Constituição.

Ainda há que se observar que os fins extrafiscais desejados, num regime federativo, devem estar inseridos na competência do ente da federação para promover aquela política pública, não lhe sendo lícito invadir a esfera de atribuições materiais dos demais entes. Por isso é inconstitucional a adoção pelos estados-membros de alíquotas diferenciadas para o IPVA em função da origem estrangeira do veículo, uma vez que o objetivo extrafiscal presente nesse caso — a proteção à indústria nacional — é matéria da competência da União.

Outra fonte de conflito externo se manifesta com relação às normas de simplificação da legislação tributária baseadas no interesse da fiscalização em combater a elisão fiscal, reduzir os custos da arrecadação e do contribuinte, e simplificar o procedimento de recolhimento, arrecadação e fiscalização dos tributos.

---

[147] STF. 1ª Turma. AI-AgR nº 142.348-1/MG. Rel. Min. Celso de Mello. *DJ*, 24 mar. 1995, p. 6.807.

Porquanto não se confundem, modernamente, a justiça tributária com os interesses da arrecadação, a legitimidade de tais normas dependerá da proporcionalidade dessas medidas, vistas pelo ângulo do princípio da capacidade contributiva.

No entanto, pouco adianta a existência de uma definição legal que abstratamente seja fiel à capacidade contributiva efetiva, mas que, em virtude da complexidade na apuração da base tributável, seja de difícil controle pela administração. Isso porque, diante de tal dificuldade, muitos contribuintes poderão deixar de recolher seus tributos, o que provocará uma injusta repartição das despesas públicas e uma violação do princípio da isonomia.

A rigor, sendo o princípio da capacidade contributiva uma decorrência do valor da igualdade, uma norma simplificadora que daquele se afaste em alguns casos individuais, mas que venha a garantir a prevalência da isonomia (que poderia vir a ser violada pela facilidade no descumprimento da legislação tributária pelos contribuintes ou pelo alto custo para a sociedade na adoção de medidas que impeçam esse descumprimento) não atenta contra o referido princípio.

É que, como ressalta Herrera Molina,[148] o próprio princípio da capacidade contributiva é violado quando não há possibilidade de se estabelecerem mecanismos de controle do cumprimento das obrigações tributárias pelos contribuintes menos imbuídos do dever de cooperar com as despesas públicas; ou quando o alto custo desses controles é suportado por toda a sociedade.

---

[148] Defende Herrera Molina (1998:161): "*ahora bien, la ineficácia administrativa lleva consigo una aplicación deficiente del sistema fiscal, y ésta supone necesariamente un reparto desigual de las cargas fiscales en beneficio de aquellos menos honrados o con menos possibilidades de defraudar. A sensu contrario, la eficacia del control administrativo constituye una condición necesaria (no suficiente) del sistema tributario justo*".

No entanto, tais medidas simplificadoras não podem descambar para uma tributação que, na maioria dos casos, não reflita a capacidade contributiva de cada um dos contribuintes; nem impingir a quaisquer deles uma carga tributária radicalmente distinta da que seria devida, caso não houvesse a medida simplificadora.[149]

Há, mais uma vez, que analisar a razoabilidade da medida simplificadora. Assim, em primeiro lugar, deve-se verificar se ela é realmente necessária para assegurar a manutenção da isonomia tributária no cumprimento das obrigações pelos contribuintes, ou mesmo se a tributação pela capacidade efetiva já não seria suficiente para atingir esse objetivo.

Quanto à adequação, deve-se perquirir se a medida simplificadora realmente resulta em vantagens — no que tange à isonomia e à capacidade contributiva, a partir do adimplemento das obrigações tributárias por todos os contribuintes — em relação à tributação pela riqueza efetiva, considerando que as dificuldades de controle levariam a uma grande evasão fiscal.

Por fim, num exame de proporcionalidade em sentido estrito, resta verificar se, na maioria dos casos, a capacidade contributiva efetiva é atendida pela medida de simplificação, e se nenhum contribuinte será tributado em valor significativamente maior do que o determinado pela capacidade efetiva.[150]

É preciso, ainda, estabelecer uma relação de custo/benefício para evitar que a tributação pela capacidade efetiva se revele tão cara para o Estado e, em última análise, para o conjunto dos contribuintes, que acabe por comprometer uma sistemática que pouco irá distinguir-se, em termos quantitativos, do regime simplificado.

---

[149] Herrera Molina, 1998:162.
[150] Ibid.

Um exemplo de norma simplificadora que entrou em conflito com a capacidade contributiva efetiva nos é dado pela legislação do ICMS, no caso da substituição tributária *para a frente*, quando o preço da mercadoria, praticado na operação substituída, é inferior à base de cálculo presumida que serviu de parâmetro para o recolhimento do imposto.

Ora, se a base de cálculo presumida foi maior do que a efetivamente realizada, seria lógica a necessidade de restituição do indébito. No entanto, o STF, aderindo ao argumento dos estados-membros de que a devolução de tal montante acabaria por comprometer a sistemática da substituição tributária, dada a impossibilidade de o fisco estadual calcular, em cada caso, a diferença entre a base de cálculo presumida e a base de cálculo realizada, consagrou a prevalência das normas de simplificação, em detrimento da capacidade contributiva efetiva.[151]

Vale observar, por oportuno, que o pretório excelso considerou a necessidade da permanência dessa norma de simplificação para a manutenção do regime de substituição tributária e a consequente promoção de uma arrecadação mais imune à evasão. Considerou também o STF a ausência de discrepância entre o valor presumido e o valor efetivo na maioria dos casos, em face da adoção do regime de substituição tributária em mercados sujeitos a preços, constituindo a tributação excessiva apenas uma eventualidade.

Contudo, deixou nossa corte maior de considerar a possibilidade de o regime estabelecer uma radical discrepância, em determinados casos individuais, comprometedora da própria legitimidade da norma.

Por outro lado, o art. 150, §7º, da CF, como ressaltado nos votos vencidos, não autoriza normas simplificadoras na subs-

---

[151] STF. Pleno. ADI nº 1.851/AL. Rel. Min. Ilmar Galvão. j. 08.05.2002. *DJ*, 25 abr. 2003.

tituição tributária que se afastem da capacidade contributiva efetiva. É que o referido dispositivo constitucional, ao determinar ser devida a restituição imediata e preferencial, caso o fato gerador presumido não ocorra, estabeleceu que a presunção é relativa, negando, dessa forma, abertura a qualquer norma simplificadora que evitasse a tributação conforme a riqueza efetivamente auferida.

A rigor, apenas a partir de uma interpretação meramente literal — como a efetuada, *data venia*, pelo Supremo Tribunal Federal — se poderia admitir que o fato gerador não ocorrido difere do fato gerador ocorrido sob uma base de cálculo menor, máxime quando a norma não dispõe de mecanismos para quantificar o montante dessa diferença entre o valor presumido e o efetivo, a fim de se dimensionar, à luz do princípio da razoabilidade, os prejuízos que, eventualmente, sejam impostos ao contribuinte.

Proporcionalidade, progressividade, seletividade e personalização

Como princípio que é, a capacidade contributiva apresenta grande fluidez em sua definição, constituindo verdadeiro conceito indeterminado, cujo núcleo é revelado pela riqueza disponível.[152] E essa indeterminação constitucional, característica do halo conceitual, é enfrentada pela regulação de cada imposto oferecida pelo legislador, que leva em consideração não só a definição do fato gerador em seus aspectos material, temporal, espacial e quantitativo, mas também os subprincípios da proporcionalidade, da progressividade, da seletividade e da personalização. É dessa forma que a riqueza disponível será

---

[152] Herrera Molina, 1998:145.

revelada em atendimento ao aspecto subjetivo do princípio da capacidade contributiva.[153]

A proporcionalidade consiste na variação da tributação em razão da diferença da base de cálculo, a partir da aplicação da mesma alíquota. Nos dias atuais, a proporcionalidade é saudada por Rawls (1997:307) e Tipke (1984:527) como o melhor índice de capacidade contributiva.

Por sua vez, a progressividade se concretiza pela elevação da alíquota, na medida em que é aumentada a base de cálculo, e seu fundamento era, originariamente, a distribuição igualitária do sacrifício social da tributação conforme defendido por Mill (1983:290), que partia da ideia de que, à medida que o capital aumentava, sua utilidade para o seu possuidor diminuía, sendo legítima a apropriação desse capital pelo Estado, em parcela maior.

Após a retomada da teoria do benefício pelos economistas neoliberais do final do século XX, a progressividade, hoje, não mais deve ser extraída de uma visão utilitarista de igual sacrifício, mas antes consiste num importante instrumento de redistribuição de rendas no estado democrático e social de direito.

O próprio Rawls (1997:308), embora defenda que os tributos com finalidade arrecadatória incidentes sobre as despesas ou rendas devem ser proporcionais em sociedades com alto grau de respeito aos princípios da justiça como equidade — uma vez que essa modalidade de tributação é mais adequada ao estímulo da produção —, reconhece também que, nos sistemas tributários de países em que haja maior desigualdade social, a progressividade dos impostos sobre a renda é medida exigida pelos princípios da liberdade, da igualdade equitativa de oportunidades e da diferença.

---

[153] Os quatro subprincípios são enumerados por Torres (2003:83).

Nesse mesmo sentido, Tipke (1984:527) entende, na esteira do tribunal constitucional alemão, que a progressividade rompe com a igualdade, mas esse rompimento é justificado pelo princípio do Estado social, que tem por um de seus objetivos primordiais a distribuição de riquezas.

Desse modo, numa sociedade marcada por profundas desigualdades sociais como a nossa, a progressividade é, aplicada a vários impostos, o instrumento mais adequado à efetivação do princípio da capacidade contributiva, baseando-se a utilização de tal instrumento na promoção da justiça social. É que a proporcionalidade, embora seja uma manifestação da capacidade contributiva, uma vez que não adota um valor fixo na tributação, se traduz num instrumento bastante tímido na distribuição de rendas.

Como bem observa Amaro (1998:136), a capacidade contributiva não se esgota na proporcionalidade, porquanto aquela exige "a justiça da incidência em cada situação isoladamente considerada e não apenas a justiça relativa entre uma e outra das duas situações".

No entanto, o Supremo Tribunal Federal vem entendendo que a progressividade não é decorrência natural do princípio da capacidade contributiva, que por sua vez se realiza pela proporcionalidade, a não ser que o próprio texto constitucional determine expressamente a utilização de alíquotas progressivas.[154]

Porém, a posição de condicionar a aplicação da progressividade à expressa previsão constitucional esvazia mortalmente o princípio da capacidade contributiva, que encontra na progressividade, no contexto de um estado democrático social de direito, o mecanismo mais eficaz para a sua realização, mormente numa sociedade tão desigual quanto a brasileira.

---

[154] STF. Pleno. RE nº 153.771/MG. Rel. Min. Moreira Alves. *DJU*, 5 set. 1997. p. 41.892, em relação ao IPTU; e STF. Pleno. RE nº 234.105/SP. Rel. Min. Carlos Velloso. *DJU*, 31 mar. 2000, p. 61, em relação ao ITBI.

De toda forma, como a tese da necessidade de previsão constitucional expressa para a aplicação da progressividade foi vitoriosa, essa posição no STF, esse subprincípio, como instrumento realizador da capacidade contributiva, limita-se ao imposto de renda e, após a EC nº 29/00, ao IPTU.

Vale notar que o STF sistematicamente vinha entendendo a impossibilidade de aplicação de alíquotas progressivas nos impostos reais.[155] Contudo, a partir do início do julgamento do RE nº 423.768-7/SP[156] — interposto pelo município de São Paulo contra decisão do extinto Tribunal de Alçada Civil, que declarou a inconstitucionalidade da Lei Municipal nº 13.250/01 —, tudo leva a crer que o pretório excelso lançará nova interpretação sobre o tema da progressividade do IPTU após a EC nº 29/00, como se pode depreender do teor do Informativo do STF nº 433, que noticia o julgamento do referido recurso extraordinário:

> O tribunal iniciou julgamento de recurso extraordinário interposto pelo município de São Paulo contra acórdão do extinto Primeiro Tribunal de Alçada Civil do referido estado-membro que, ao prover apelação em mandado de segurança, declarara a inconstitucionalidade da Lei municipal 13.250/01 — que, dando nova redação à Lei municipal 6.989/66, estabeleceu alíquotas progressivas para o IPTU tendo em conta o valor venal e a destinação do imóvel — ao fundamento de terem sido violados os princípios da isonomia e da capacidade contributiva, e de que a EC 29/00, ao prever as citadas alíquotas, ofendeu o art. 60, §4º, IV, da CF. O min. Marco Aurélio, relator, conheceu do recurso e

---

[155] STF. Pleno. RE nº 153.771/MG. Rel. Min. Moreira Alves. *DJU*, 5 set. 1997. p. 41.892. No mesmo sentido, Torres (2003:82).
[156] STF. RE nº 423.768-7/SP. Rel. Min. Marco Aurélio. Julgamento da sessão plenária de 28.06.2006.

deu-lhe provimento, para, reconhecendo a constitucionalidade da EC 29/2000 e da Lei municipal 6.989/66, na redação dada pela referida Lei 13.250/2001, restabelecer a sentença que indeferira a segurança. Após mencionar os diversos enfoques dados pela corte em relação à progressividade do IPTU, concluiu, ante a interpretação sistemática da Constituição Federal, com o cotejo do §1º do seu art. 156 com o §1º do seu art. 145, que a EC 29/2000 veio tão só aclarar o real significado do que disposto anteriormente sobre a graduação dos tributos, não tendo abolido nenhum direito ou garantia individual, visto que a redação original da CF já versava a progressividade dos impostos e a consideração da capacidade econômica do contribuinte. O relator reafirmou sua convicção, exposta em julgamentos anteriores ao advento da EC 29/2000, de que o §1º do art. 145 possui cunho social da maior valia, tendo como objetivo único, sem limitação do alcance do que nele está contido, o estabelecimento de uma gradação que promova justiça tributária, onerando os que tenham maior capacidade para pagamento do imposto. Asseverou, no ponto, que a capacidade econômica do contribuinte há de ser aferida sob os mais diversos ângulos, inclusive o valor, em si, do imóvel. Ressaltou, também, que a lei impugnada foi editada ante a competência do município e com base no §1º do art. 156 da CF, na redação dada pela EC 29/2000, concretizando a previsão constitucional, e que o texto primitivo desse dispositivo não se referia ao valor do imóvel e à localização e ao uso respectivos, mas previa a progressividade como meio de se assegurar o cumprimento da função social da propriedade.

Assim, depois de proferidos os votos pelos ministros Cármen Lúcia, Eros Grau, Joaquim Barbosa e Sepúlveda Pertence, que acompanhavam o voto do relator ministro Marco Aurélio, o ministro Carlos Britto pediu vista dos autos, permanecendo o feito no aguardo da ultimação de seu julgamento pelo Pleno do STF.

Abraçando essa mesma linha de raciocínio, parece-nos inexistir qualquer óbice à progressividade dos impostos reais, haja vista que o patrimônio do contribuinte constitui índice de riqueza hábil a ser quantificado na fixação do aspecto subjetivo do princípio da capacidade contributiva, como se extrai do teor do próprio art. 145, §1º, da CF e, mais recentemente, da EC nº 29/00, que, dando nova redação ao art. 156, §1º, da CF, previu a progressividade no IPTU vinculada à capacidade contributiva e calculada em razão do valor venal do imóvel.[157]

Outro subprincípio que vai dar efetividade ao princípio em estudo é o da seletividade, que se materializa pela variação de alíquotas em função da essencialidade do produto ou da mercadoria e que representa a modalidade mais adequada à aplicação do princípio da capacidade contributiva nos impostos indiretos, como o ICMS e o IPI, pois afere o índice de riqueza do contribuinte de fato, a partir do grau de indispensabilidade do bem consumido. Nessa lógica, o consumo de bens populares é gravado com alíquotas menores, como ocorre com os produtos da cesta básica. Já os bens supérfluos são tributados com base em alíquotas maiores, como se dá com cigarros, bebidas e perfumes, por exemplo.

Sendo assim, não é difícil perceber que a aplicação da proporcionalidade nos impostos incidentes sobre os bens de consumo popular, como os gêneros alimentícios de primeira necessidade, acaba gerando um efeito regressivo, pois retira das classes menos aquinhoadas relativamente mais do que é suportado pelos abastados, não se resguardando o mínimo existencial.[158]

---

[157] Já existem importantes vozes que se levantam contra a constitucionalidade do IPTU progressivo previsto na EC nº 29/00. Ver, por todos, Torres (2003:83). Embora a discussão do tema não seja objeto deste capítulo, entendemos não ter a referida emenda constitucional, nesse ponto, violado qualquer cláusula pétrea, sendo compatível, portanto, com a nossa lei maior, pelas razões aqui expostas.
[158] Baleeiro, 1987:211.

Por sua vez, situação parecida ocorreria na aplicação da progressividade aos impostos sobre o consumo, uma vez que, não suportando o sujeito ativo a carga tributária, a tributação de acordo com a sua riqueza teria o condão de transferir para o consumidor, contribuinte de fato, um encargo que não seria necessariamente adequado à sua capacidade contributiva.[159]

Por fim, o subprincípio da personalização, que, segundo o art. 145, §1º, da CF, deve ser aplicável sempre que possível e determina que o legislador leve em consideração dados pessoais da vida do contribuinte para mensurar a tributação, como ocorre com as deduções de despesas com dependentes, médicas e de instrução, no imposto de renda.

Como parece óbvio, o princípio da personalização terá aplicabilidade plena nos impostos pessoais. Daí a dicção constitucional do *sempre que possível*. Porém, há hoje uma tendência à personalização também dos impostos reais, quando o legislador leva em consideração dados pessoais do contribuinte, como ocorre na isenção de IPTU para ex-combatentes e aposentados que percebam até determinada renda.

Embora tais medidas não importem na transformação do aludido tributo num imposto pessoal, uma vez que suas características principais continuam vinculadas ao bem imóvel, há dados de personalização que prestigiam o referido princípio constitucional.

Mínimo existencial

O aspecto subjetivo do princípio da capacidade contributiva encontra como limites o mínimo existencial e a vedação do confisco, que se revelam como verdadeiras fronteiras delimitadoras do referido princípio em suas porções

---

[159] Valdés Costa, 1996:455.

mínimas e máximas. Não se pode tributar abaixo do mínimo existencial, pois não há riqueza disponível. Não se tributa acima dos limites confiscatórios, onde a seara da capacidade contributiva exaure-se.

Embora não possua dicção constitucional própria, o mínimo existencial deriva, segundo Torres (1999:146), da ideia de liberdade, de igualdade e dos direitos humanos, e tem seus contornos definidos pela linha que separa a vida simples do cidadão humilde da pobreza absoluta, que deve ser combatida pelo Estado não só por meio de abstenção na tributação, como também por prestações positivas, envolvendo, além dos direitos individuais, os sociais, relativos à saúde, à alimentação, à educação e à assistência social.

Assim, no campo tributário, o mínimo existencial deixa o contribuinte livre de qualquer tributação até o limite em que sejam atendidos os requisitos mínimos para uma vida humana digna.[160]

De acordo com Tipke (1999:61, 67),[161] o mínimo existencial não deve ser fixado em patamar inferior ao estabelecido como benefício de aposentadoria, pois em regra o cidadão ativo possui mais necessidades vitais que o aposentado. Sustenta, ainda, o professor emérito da Universidade de Colônia que o mínimo existencial não se aplica somente ao imposto de renda, mas a todos os tributos, e que as parcelas que ficarem isentas do imposto de renda não podem ser tributadas por impostos especiais. Por seu turno, os impostos indiretos também devem respeitar o mínimo existencial, o que é viabilizado pelo mecanismo da seletividade, por meio da isenção dos bens de primeira necessidade.[162]

---

[160] Lehner (1998:151), citando precedente do tribunal constitucional alemão que delineou os contornos do mínimo existencial.
[161] No mesmo sentido, ver Herrera Molina (1998:144).
[162] Ibid.

Princípio do não confisco

No Brasil, a Constituição Federal contém dispositivo expresso vedando a tributação que produza efeito confiscatório. Confisco é a perda da propriedade em favor do Estado em razão de um ato ilícito. Por ser vedado pela Constituição,[163] não é admitido que a lei estabeleça a perda da propriedade pela tributação em razão de atos lícitos. Portanto, é confiscatória a tributação excessiva que supere a capacidade contributiva. Não obstante inexistir na legislação, na doutrina ou na jurisprudência um critério objetivo para identificar o confisco[164] — o que permite que, dada a fluidez desse conceito, em cada caso o aplicador examine se foi superada a capacidade contributiva —, o Supremo Tribunal Federal considerou confiscatória a exigência de contribuição previdenciária dos servidores públicos federais no percentual de 25%.[165]

É interessante perceber que, na referida decisão, a corte maior considerou, e com acerto, o efeito confiscatório diante da carga tributária como um todo, e não em razão de um único tributo. No entanto, essa apreciação só é exequível diante de tributos que incidam sobre bases de cálculo similares, como ocorre com o imposto de renda e a contribuição previdenciária do servidor, que incidem sobre a remuneração deste.

Embora a vedação constitucional não se limite aos tributos incidentes sobre a propriedade, neles ela ganha maior dimensão.

---

[163] Exceto nos casos da pena de perdimento de bens importados irregularmente; do confisco das terras onde se produzem substâncias entorpecentes, bem como dos instrumentos e produto da prática criminosa.
[164] A suprema corte argentina fixou o percentual de 33% como limite à tributação sobre uma mesma base de cálculo, conforme noticia Baleeiro (2001:566); já a corte constitucional federal da Alemanha, como informa Tipke (1999:70), decidiu que o imposto sobre o patrimônio não pode superar 50% da renda bruta.
[165] STF. Pleno. ADI-MC nº 2.010/DF. Rel. Min. Celso de Mello. *DJU*, 12 abr. 2002, p. 51. No caso em questão, o tribunal considerou que a contribuição previdenciária dos servidores públicos federais, somada aos outros tributos incidentes sobre a remuneração do servidor, como o imposto de renda, causava o efeito confiscatório.

E tais tributos não podem ter alíquotas muito elevadas, sob pena de haver perda da propriedade após alguns exercícios. Assim, por exemplo, se o IPTU tivesse uma alíquota de 20%, em cinco anos haveria a perda da propriedade, revelando-se confiscatória tal tributação.[166]

Durante muito tempo, a doutrina, aqui e alhures, considerou que a existência de uma finalidade extrafiscal afastava a alegação de confisco. De toda forma, quando examinarmos a relação da capacidade contributiva com a extrafiscalidade, veremos que os objetivos sociais, econômicos e políticos buscados pela norma tributária devem justificar, por meio de um juízo de proporcionalidade, o afastamento da capacidade contributiva que, tendo natureza axiomática, não é dotada de caráter absoluto, podendo ser ponderada com outros interesses. Assim, não basta a simples alegação de extrafiscalidade para que se afaste o exame do eventual caráter confiscatório da norma.[167]

Questões de automonitoramento

1. Após ler este capítulo, você é capaz de resumir o caso gerador, identificando as partes envolvidas, os problemas atinentes e as possíveis soluções cabíveis?
2. Discorra sobre os conflitos da capacidade contributiva com outros interesses almejados pela tributação.
3. Qual a diferença entre proporcionalidade, progressividade, seletividade e personalização?
4. Discorra sobre a ideia de mínimo existencial e o princípio do não confisco na ordem tributária brasileira.
5. Pense e descreva, mentalmente, outras alternativas para a solução do caso gerador.

---

[166] Note-se que o mencionado precedente do STF se refere aos tributos pessoais.
[167] Herrera Molina, 1998:178.

5

Imunidades

Caso gerador

Um hospital mantido por uma entidade de assistência social explora uma farmácia que vende remédios para o público em geral, sofrendo a incidência de ICMS sobre as operações de venda das referidas mercadorias, cuja repercussão econômica recai sobre o preço suportado pelos consumidores finais. No entanto, a entidade pleiteia judicialmente o reconhecimento da imunidade prevista no art. 150, VI, c, da CR/88.

A Fazenda estadual se insurge contra a demanda, por entender que o referido dispositivo constitucional não é aplicável ao imposto estadual em questão.

Procede a recusa fazendária a aceitar a intributabilidade no caso concreto?

Roteiro de estudo

Imunidades

Segundo Torres (1999:50), as imunidades refletem a intributabilidade absoluta ditada pelas liberdades preexistentes à própria Constituição da República. Por isso, as imunidades, derivadas dos direitos fundamentais, sequer precisariam constar do texto constitucional, que só as declararia. Assim, as regras constitucionais que determinassem a não incidência tributária, mas que não fossem baseadas nos direitos fundamentais, não seriam imunidades, mas meras isenções constitucionais. Torres (1999:51) conceitua a imunidade tributária da seguinte forma:

> A imunidade é, portanto, intributabilidade, impossibilidade de o Estado criar tributos sobre o exercício dos direitos da liberdade, incompetência absoluta para decretar impostos sobre bens ou coisas indispensáveis à manifestação da liberdade, não incidência ditada pelos direitos humanos e absolutos anteriores ao pacto constitucional.

A definição esposada por Torres[168] é deveras original, porquanto promove uma conexão entre o conceito de imunidade e a proteção dos direitos humanos fundamentais. Porém, cumpre ressaltar que tem predominado na doutrina e na jurisprudência um conceito mais positivista, no sentido de que a imunidade se traduz numa autolimitação que a própria Constituição da República estabelece ao repartir as competências tributárias entre os entes federados, excluindo dessa partilha determinadas pessoas (imunidade subjetiva), determinadas coisas (imunidade objetiva), ou ambas (imunidade mista).

---

[168] Sobre o tema e de forma crítica, Roque Antonio Carrazza assinala que, inobstante a doutrina mais tradicional, classificar as imunidades como subjetivas, objetivas ou mistas, conforme alcancem, respectivamente, pessoas, coisas ou ambas, e a circunstância de que tal qualificação seja até útil; sob seu ponto de vista, parece mais acertado, em termos rigorosamente técnicos, sustentar que a imunidade sempre será subjetiva, "já que invariavelmente beneficia pessoas, quer por sua natureza jurídica, quer pela relação que guardam com determinados fatos, bens ou situações". Isto porque, mesmo as chamadas imunidades objetivas alcançam pessoas, sendo que não por suas características, qualidades ou tipo de atividade que desempenham, mas por estarem relacionadas a fatos, bens ou situações específicas. Ver Carrazza (2003:634).

Desse modo, a imunidade tributária pode ser entendida como uma regra, expressa na Constituição, que estabelece uma não competência da União, dos estados, do Distrito Federal e dos municípios para cobrarem impostos sobre determinadas entidades e coisas.

Convém registrar que o tema das imunidades tributárias, uma peculiaridade de nosso direito positivo, é rico em controvérsias que remontam à sua origem pretoriana e chegam até a atualidade.[169]

Distinção entre imunidade, isenção e não incidência

Sendo conceituada pela doutrina majoritária como uma não incidência constitucionalmente qualificada, é necessário fazer distinção entre o instituto da imunidade e outros dois que ensejam a não incidência tributária, a saber: a não incidência em sentido estrito e a isenção.

Inicialmente, vale consignar a assertiva de Rosa Júnior (2005:309), quando esclarece que, com vista à exata compreensão do conceito de imunidade, mister se faz diferenciar incidência e não incidência, esposando o entendimento de que:

> Dá-se a *incidência*, sob o ponto de vista jurídico, quando se materializa a situação definida em lei, de forma abstrata e genérica, como necessária e suficiente à ocorrência do fato gerador. (...) De outro lado, incidência sob a ótica *econômica* é o fenômeno relativo ao ponto final de queda da carga tributária sobre o contribuinte. (...)
>
> A *não incidência* compreende duas modalidades distintas: a não incidência pura e a não incidência juridicamente qualificada. A

---

[169] Sobre o assunto, ver Torres (1999:53 e segs.).

não incidência *pura*, ou *simples*, é a não previsão legal de uma determinada situação como hipótese de incidência de um tributo. (...) denomina-se não incidência *juridicamente qualificada* a não incidência por disposição constitucional, correspondendo à *imunidade tributária*. Ocorre quando a Constituição suprime a competência impositiva dos entes políticos quando se verificam certos pressupostos, situações ou circunstâncias previstas pelo estatuto supremo.

Dessa forma, no fenômeno da não incidência em sentido estrito (não incidência *pura* ou *simples*, nas palavras de Rosa Júnior) não ocorre a subsunção do fato imponível à hipótese de incidência. O fato está naturalmente fora da regra de incidência. Assim, por exemplo, os bens móveis não serão tributados pelo IPTU, pois estão fora da regra de incidência desse imposto, sem que seja necessária qualquer norma jurídica que declare essa não incidência.

Já na imunidade e na isenção, o fato, em tese, subsume-se à hipótese de incidência, mas uma norma jurídica impede que o tributo incida sobre ele.[170] A diferença é que, na imunidade, essa norma jurídica é a própria Constituição da República, enquanto na isenção é a lei da entidade tributante.[171]

Machado (2003:232), com propriedade, leciona que

> O que distingue, em essência, a isenção da imunidade é a posição desta última em plano hierárquico superior. Daí decorrem consequências da maior importância, tendo-se em vista que a imunidade, exatamente porque estabelecida em norma resi-

---

[170] Hoje é majoritária a doutrina que sustenta ser a isenção uma não incidência legalmente qualificada, na esteira do entendimento de Souto Maior Borges (1969), superando a doutrina consagrada por Rubens Gomes de Sousa (1975), segundo a qual a isenção significa a dispensa legal do pagamento do tributo.
[171] Ou a lei complementar, no caso do art. 156, §3ª, II, da CF.

dente na Constituição, corporifica princípio superior dentro do ordenamento jurídico, a servir de bússola para o intérprete, que ao buscar o sentido e o alcance da norma imunizante não pode ficar preso à sua literalidade.

Nessa linha de raciocínio, ao atribuir competência para o município tributar os imóveis urbanos, por exemplo, e tendo em vista o que dispõe o art. 150, VI, b, da CR/88, a Constituição não permite que se inclua na órbita de competência do referido ente tributante o poder de promover a incidência do IPTU sobre o imóvel destinado à prática de culto religioso (templo), instituindo assim uma hipótese de imunidade tributária. Por outro lado, a lei municipal que eventualmente exclua a incidência de tal exação sobre os imóveis dos ex-combatentes da FEB confere, portanto, uma isenção.

Imunidades genéricas

O art. 150, VI, da CR/88 veda à União, aos estados, ao Distrito Federal e aos municípios instituírem impostos sobre:

- patrimônio renda ou serviços, uns dos outros (a chamada imunidade recíproca);
- templos de qualquer culto;
- patrimônio, renda ou serviços dos partidos políticos, inclusive suas fundações, das entidades sindicais dos trabalhadores, das instituições de educação e de assistência social, sem fins lucrativos, atendidos os requisitos da lei;
- livros, jornais, periódicos e o papel destinado a sua impressão.

As imunidades previstas no art. 150, VI, da CR/88 são aplicáveis a todos os impostos e se baseiam nos direitos fundamentais, sendo, entretanto, afastadas quando o ente imune não for contribuinte de direito do tributo, mas apenas suportar o encargo financeiro.

Imunidade recíproca

A imunidade recíproca impede os entes da federação de tributarem o patrimônio, a renda e os serviços uns dos outros (art. 150, VI, a, CR/88), sendo também extensível às autarquias e fundações públicas, quando no desenvolvimento de atividades vinculadas aos seus objetivos institucionais.

A imunidade recíproca, porém, não se aplica: quando o Estado desempenha a atividade econômica em regime de economia privada; quando o Estado cobra tarifas pela prestação de serviços públicos; em relação ao promitente comprador de um imóvel público.

Vale consignar que não há que se limitar a imunidade aos impostos que diretamente incidam sobre patrimônio, renda e serviços, pois todos os impostos, direta ou indiretamente, oneram o patrimônio, renda e serviços dos entes imunes.[172]

O fundamento para a existência dessa limitação ao poder de tributar origina-se do princípio da separação dos poderes, garantindo assim a higidez do sistema federativo brasileiro.[173]

Alguns autores defendem que o fundamento para tal imunidade estaria vinculado à inexistência de capacidade contributiva, o que, de fato, não parece ser a vontade do legislador constitucional, pois não condicionou a verificação da suficiência econômica para o gozo da regra da imunidade.[174]

A imunidade recíproca abrange igualmente a administração direta, bem como as autarquias e fundações instituídas e mantidas pelo poder público, não se estendendo o benefício constitucional, contudo, às empresas concessionárias, às sociedades de economia mista e às empresas públicas.[175]

---

[172] STF. Segunda Turma. AI-AgR nº 172.890/RS. Rel. Min. Marco Aurélio. j. 05.03.1996. DJ, 19 abr. 1996.
[173] Nesse sentido, ver Rosa Júnior (2005:312); e Machado (2003:285).
[174] Baleeiro, 2000:125.
[175] No que se refere ao patrimônio, à renda e aos serviços vinculados a suas finalidades essenciais ou às delas decorrentes, na forma do art. 150, §2º, CF.

As exceções à regra de aplicação da imunidade recíproca à administração indireta, conforme mencionado anteriormente, traduzem-se no aspecto subjetivo da imunidade recíproca e visam proteger a livre concorrência, já que todas as exceções constituem pessoas jurídicas que exercem atividades preponderantemente privadas, muitas vezes competindo no mercado com as demais empresas.

O aspecto objetivo da imunidade recíproca está inserido no §3º do art. 150 da CR/88, que limita o alcance da norma à proibição da cobrança de impostos sobre o patrimônio, a renda ou os serviços vinculados às suas finalidade essenciais.

O patrimônio a que se reporta o §3º do art. 150 ora referido engloba o imobiliário e o mobiliário, destacando-se a necessidade de vinculação com a atividade do sujeito imune. Nesse sentido, cabe ressaltar que o STF já reconheceu o afastamento da regra imunizante no caso de terrenos baldios pertencentes à autarquia.[176]

Também se apreciou, na oportunidade, a aplicabilidade da limitação à tributação quando realizada promessa de compra e venda com ente público dotado de imunidade. E, após muita discussão, o STF pacificou a questão por meio da Súmula nº 583, que dispõe, numa interpretação *a contrario sensu*, que somente a escritura definitiva dará nascimento à limitação constitucional ao poder de tributar.

A renda, como já observado, só estará dentro do campo da imunidade se estiver ligada com as atividades do ente federativo e não representar exploração de atividades econômicas regidas pelas normas aplicáveis a empreendimentos privados.

O *caput* do art. 150 da CR/88 é bastante claro ao conceder a imunidade apenas a uma espécie tributária: o imposto.

---

[176] STF. Segunda Turma. RE nº 98.382/MG. Min. Moreira Alves. j. 12.11.1982. *DJ*, 18 mar. 1983.

Contudo, alguns autores se insurgiram contra a cobrança de taxas sobre as entidades imunes, pois, para os defensores de que o fundamento da imunidade está atrelado à ausência de capacidade contributiva, não haveria suporte lógico para a exclusão de outras espécies tributárias. Argumentam que onde há a mesma razão de direito deve prevalecer a mesma consequência jurídica.

Essa tese não foi vencedora, pois as taxas são tributos vinculados e servem para remunerar serviços públicos, o que não afeta o princípio federativo que se apresenta como o maior fundamento da regra imunizante. O que se afasta, na realidade, é a cobrança da taxa de polícia sobre as empresas públicas.

Outra celeuma que se instaura na seara das imunidades consiste na classificação dos impostos sobre o patrimônio, a renda e os serviços.

O Código Tributário Nacional preocupou-se em fazer a divisão dos impostos, sem apresentar um critério técnico, tendendo a um critério mais didático, que acarreta certa dificuldade para o enquadramento de determinados fatos na regra imunizante.

A doutrina consagrou o entendimento de que a divisão do CTN não é válida para a caracterização dos impostos que darão ensejo à aplicação da imunidade, *ex vi*, o seguinte trecho de Torres (1995:231):

> Parece-nos, contudo, na linha de argumentação adotada por Baleeiro, que a imunidade protege contra a incidência de impostos que atingem economicamente o patrimônio, a renda e os serviços, independentemente da classificação técnica levada a efeito pelo CTN. Até mesmo porque não se poderia condicionar a interpretação de normas constitucionais que vêm do texto de 1891 às definições da codificação superveniente, tanto mais que tal classificação se fez sob a égide da Emenda

Constitucional nº 18/65, não sobreviveu às reformas ulteriores, posto que os textos de 1967/69 e 1988, inclusive do ponto de vista topográfico, retornaram à tradição de proceder à partilha tributária no federalismo. Tornou-se, assim, juridicamente inócua a classificação do CTN.

Imunidade dos templos de qualquer culto

A imunidade prevista no art. 150, VI, b, da CR/88 relaciona-se ao local destinado à prática do culto (templo) e às atividades intrínsecas ao culto. De se notar que o entendimento esposado pelo pretório excelso sobre o tema, quando do julgamento do RE nº 325.822/SP,[177] foi inclusive no sentido de que

> A imunidade prevista no art. 150, VI, "b", CF, deve abranger não somente os prédios destinados ao culto, mas, também, o patrimônio, a renda e os serviços relacionados com as finalidades essenciais das entidades nelas mencionadas. (...) O §4º do dispositivo constitucional serve de vetor interpretativo das alíneas "b" e "c" do inciso VI do art. 150 da Constituição Federal.

Fato é que a extensão da imunidade dos templos em relação aos imóveis da igreja e a serviços televisivos divide a doutrina brasileira. No tocante à extensão da imunidade para a casa paroquial, Baleeiro (2003:137) defende a possibilidade do não pagamento de impostos, desde que tal imóvel se situe em terreno contíguo ao templo:

> O templo não deve ser apenas a igreja, sinagoga, ou edifício principal, onde se celebra a cerimônia pública, mas também a

---

[177] STF. Pleno. RE nº 325.822/SP. Rel. Min. Ilmar Galvão. Rel. para Acórdão Min. Gilmar Mendes. j. 18.12.2002. *DJ*, 14 maio 2004.

dependência acaso contígua, o convento, os anexos por força de compreensão, inclusive a casa ou residência especial, do pároco ou pastor, pertencente à comunidade religiosa, desde que não empregada com fins econômicos. Pontes de Miranda, entretanto, sustentou interpretação restritiva (...).

Não se repugna à Constituição inteligência que equipare ao templo-edifício também a embarcação, o veículo ou avião usado como templo móvel, só para o culto.

Mas não se incluem na imunidade as casas de aluguel, terrenos, bens e rendas do bispo ou da paróquia etc.

A mesma divergência persiste em relação aos serviços de comunicação radiofônica ou televisiva, em que destacamos a opinião de Torres (1995), que entende que tais serviços são desvinculados das finalidades religiosas ou filantrópicas e, por isso, tributáveis.

Baseando-se na liberdade religiosa, todos os cultos são abrigados pela imunidade, não cabendo ao Estado recusá-la a qualquer deles sob a alegação, por exemplo, de que se trata de religião, de culto das minorias. Isso não quer dizer que o Estado não possa exercer o controle sobre as atividades religiosas; portanto, uma vez verificada a existência de simulação ou de atos contrários à moral e aos bons costumes, operar-se-á a cessação do benefício da imunidade.[178]

No que concerne ao limite de abrangência da imunidade dos templos de qualquer culto, ou seja, se a previsão constitucional se refere a uma imunidade objetiva ou se alcança igual-

---

[178] Baleeiro (2000:137) alerta para a existência do perigo remoto da intolerância para com o culto das minorias, sobretudo se estas se formaram de elementos étnicos diversos, hipótese perfeitamente possível num país, como o Brasil, de imigração, onde já se situaram núcleos protestantes, budistas, israelitas e sempre existiram feiticistas de fundo afro-brasileiro.

mente as instituições religiosas, Coelho (2006:304) esposa o seguinte entendimento:

> Imune é o templo, não a ordem religiosa. (...) mas se o patrimônio imóvel de qualquer religião estiver afetado, ainda que lucrativamente, a fins educacionais ou assistenciais, e desde que estejam sendo devidamente cumpridos os antepostos da lei complementar tributária, (...) então a questão passa a quadrar-se nos lindes da imunidade das instituições de educação e assistência, obstando aos municípios o exercício da competência tributária impositiva relativamente ao predial e territorial urbano. Mas aí não se trata da imunidade dos templos de qualquer culto.

Amaro (2003:152) sustenta que "a imunidade dos templos (alínea b) e das entidades referidas na alínea c compreende somente o patrimônio, a renda e os serviços relacionados com suas finalidades essenciais (§4º)", salientando ainda que, em face "da igualdade de tratamento que esse parágrafo confere aos templos e àquelas entidades, não se justifica que a Constituição tenha arrolado os templos em alínea diferente".

Carrazza (2003:662), por seu turno, assevera que a imunidade concedida pelo art. 150, VI, b, da CR/88, "em rigor, não alcança o templo propriamente dito, isto é, o local destinado a cerimônias religiosas, mas, sim, a entidade mantenedora do templo, a igreja", fundando sua assertiva no argumento de que tal regra imunizante visa assegurar a livre manifestação da religiosidade das pessoas e, por tal razão, as entidades tributantes não podem, de qualquer forma, embaraçar o exercício de cultos religiosos.

Imunidade dos sindicatos dos trabalhadores

Para garantir a autonomia sindical, o art. 150, VI, c, da CR/88 confere imunidade aos sindicatos de trabalhadores, valendo registrar que essa opção do poder constituinte originário resultou da notória exacerbação do sindicalismo observada durante os trabalhos da Assembleia Nacional Constituinte, de que já resultara, inclusive, a inserção das contribuições de interesse das categorias profissionais ou econômicas no rol dos tributos.[179]

Ressalte-se que os sindicatos patronais não estão abrangidos, enquanto as federações e as confederações sindicais de trabalhadores são imunes.

O fundamento dessa imunidade não está num direito da liberdade e, portanto, fundamental, como ressalta Torres,[180] mas sim em direitos sociais e econômicos, não constituindo, por via de consequência, uma imunidade, porquanto distorcidos o conteúdo e a finalidade da garantia constitucional.

Imunidade dos partidos políticos e suas fundações

Visando a liberdade de manifestação política — que não subsiste sem o pluralismo partidário[181] —, a Constituição da República consagra também no art. 150, VI, c, a imunidade dos partidos políticos. Aqui, não se exige, para o gozo da imunidade, a representação no Congresso Nacional, bastando ter o registro no tribunal eleitoral competente para que já seja considerado como sujeito imune.

A imunidade dos partidos políticos se estende às suas fundações, conforme a dicção do art. 150, VI, c, da CR/88. Atualmente é muito comum a utilização das fundações para o estudo e divulgação da ideologia, o que justificaria a imunidade.

São imunes as doações recebidas, a contribuição recebida por seus filiados, as aplicações financeiras e todos os demais fatos ligados ao seu patrimônio.

---

[179] Torres, 2004:73.
[180] Ibid.
[181] Ibid., p. 72.

Importante consignar, ao arrimo das lições de Rosa Júnior (2005:317), que tais imunidades são *subjetivas* e *não autoexecutáveis*, considerando o que dispõe o art. 150, VI, c, *in fine*, haja vista que tal previsão normativa constitucional condiciona o benefício da imunidade ao atendimento de determinados requisitos previstos em lei, os quais, para o autor, somente podem ser fixados por lei complementar, consoante o que disciplina o art. 146, II da própria CR/88.

Imunidade das entidades de assistência social

Discute-se na doutrina e na jurisprudência se, conforme já decidido pela Segunda Turma do STF, o conceito de entidade de assistência social adotado pelo art. 150, VI, c, da CR/88 seria o mesmo do art. 203 do texto maior, que insere no conceito de assistência social o caráter altruístico, ou seja, a prestação de serviços a quem deles necessitar, independentemente de qualquer contraprestação.[182]

Porém, a matéria ainda não é pacífica no pretório excelso, não sendo poucas as vozes na doutrina e na jurisprudência que entendem ser entidade de assistência social qualquer pessoa jurídica que se dedique à saúde, previdência e assistência social, desde que sem fins lucrativos e cumpridos os requisitos previstos em lei.[183]

Os requisitos previstos na lei para que seja imune uma entidade de assistência social sem fins lucrativos são os do art. 14 do CTN:

❏ não distribuir qualquer parcela de seu patrimônio ou de suas rendas, a qualquer título;[184]

---

[182] STF. Segunda Turma. Rel. Min. Carlos Velloso. *DJU*, 22 nov. 1996.
[183] Por todos, ver Derzi, em nota de atualização de *Direito tributário brasileiro*, de Baleeiro (2000:138 e segs.).
[184] Redação conferida pela Lei Complementar nº 104/01.

- aplicar integralmente, no país, os seus recursos na manutenção dos seus objetivos institucionais;
- manter escrituração de suas receitas e despesas em livros revestidos de formalidades capazes de assegurar sua exatidão.

Cabe lembrar que o art. 14 do CTN não indica que a gratuidade dos serviços prestados constitui requisito para o gozo da imunidade, como ocorre na Alemanha, por exemplo.

O pretório excelso já reconheceu em várias oportunidades a imunidade de hospitais que não prestam assistência gratuita e a colégios e faculdades que cobram mensalidades compatíveis com outras instituições privadas,[185] ressaltadas as opiniões contrárias do próprio Supremo Tribunal Federal.[186]

Vale colocar em destaque ementa de acórdão do STF que, ao apreciar a questão envolvendo a imunidade das entidades fechadas de previdência privada, entendeu que "o fato de mostrar-se onerosa a participação dos beneficiários do plano de previdência privada afasta a imunidade prevista na alínea c do inciso VI do art. 150 da Constituição Federal",[187] *in verbis*:

> Recurso extraordinário. Entidade fechada de previdência social. Imunidade tributária. O plenário desta corte, ao julgar o RE 259.756, firmou o entendimento de que a imunidade tributária prevista no artigo 150, VI, c, da Constituição apenas alcança as entidades fechadas de previdência privada em que não há a contribuição dos beneficiários, mas tão somente a dos patrocinadores, como ocorre com a recorrida (fls. 22). Recurso extraordinário não conhecido.

---

[185] STF. Segunda Turma. RE nº 93.463/RJ. Rel. Min. Cordeiro Guerra. j. 16.04.1982. *DJ*, 14 maio 1982.
[186] STF. Segunda Turma. RE nº 108.796/SP. Rel. Min. Carlos Madeira. j. 30.06.1986. *DJ*, 12 set. 1986.
[187] STF. Pleno. RE nº 259.756/RJ. Rel. Min. Marco Aurélio. j. 28.11.2001. *DJ*, 29 ago. 2003. No mesmo sentido, STF. Pleno. RE 208.348/RJ. Rel. Min. Marco Aurélio. Rel. p/ Acórdão. Min. Ellen Gracie. j. 01.02.2002. *DJ*, 12 abr. 2002.

Ademais, destacamos também o teor da Súmula nº 730 do STF, que determina: "a imunidade tributária conferida a instituições de assistência social sem fins lucrativos pelo art. 150, VI, c, da Constituição somente alcança as entidades fechadas de previdência social privada se não houver contribuição dos beneficiários".

Note-se que a intributabilidade das contribuições sociais das entidades beneficentes de assistência social está condicionada ao atendimento cumulativo dos requisitos estabelecidos no art. 55 da Lei nº 8.212/91.[188] Da leitura do referido dispositivo, verifica-se que tal previsão normativa, apesar de não adotar o princípio da gratuidade, estabeleceu alguns parâmetros, como, por exemplo, que a entidade promova, gratuitamente e em caráter exclusivo, a assistência social beneficente em favor de pessoas carentes, em especial crianças, adolescentes, idosos e portadores de deficiência (art. 55, III, da Lei nº 8.212/91).

Outra questão importante que se impõe no estudo das imunidades é a possibilidade de lei ordinária dispor sobre requisitos para o gozo da imunidade. Isso porque a Constituição da República, em seu art. 146, II, informa que cabe à lei complementar a regulamentação das limitações ao poder de tributar; e no art. 150, VI, c, assegurou a imunidade das instituições de educação e de assistência social, de acordo com os requisitos da lei.

A doutrina tem admitido que a lei complementar é necessária para a legitimação dos requisitos para a imunidade, no caso, o art. 14 do CTN. Contudo, os requisitos referentes à configuração das instituições imunes quanto às relações privadas

---

[188] Conforme a redação que lhe foi conferida pelas leis nº 9.429/96, nº 9.528/97, nº 9.732/98, nº 11.457/07 e MP nº 2.187-13/01 (em tramitação).

poderão ser regulados pela lei ordinária, como, aliás, podemos observar nos arts. 12 e 13 da Lei nº 9.532/97.[189]

Instituições de educação sem fins lucrativos

Segundo leciona Baleeiro (2000:137), instituição de educação não se limita apenas à de caráter estritamente didático, englobando também toda aquela que aproveita à educação e à cultura em geral, como o curso de idiomas, o museu, o centro de pesquisas etc.

O sentido da palavra *instituição* também é o mais amplo possível e engloba as fundações, associações, sociedades civis sem fins lucrativos, entre outras, sendo relevante tão somente sua finalidade pública, e não a forma jurídica adotada.

O fundamento da imunidade das instituições de educação, assim como das de assistência social, é a proteção da liberdade; afinal, não se devem tributar atividades que substancialmente se equiparam à própria atuação estatal, que desempenha funções públicas por essência.

Quanto aos requisitos previstos na lei, são os mesmos já estudados na imunidade das entidades de assistência social.

Manutenção da imunidade em caso de aluguel de imóveis a terceiros

A Súmula nº 724 do Supremo Tribunal Federal aduz que, "ainda quando alugado a terceiros, permanece imune ao IPTU o imóvel pertencente a qualquer das entidades referidas pelo art. 150, VI, c, da Constituição, desde que o valor dos aluguéis seja aplicado nas atividades essenciais de tais entidades".

---

[189] Sobre o assunto, ver Rosa Júnior (2005:317); e Torres (1999:78-79).

Percebe-se que o objetivo do STF na edição da aludida súmula foi preservar as verbas necessárias ao funcionamento das atividades das entidades imunes, verbas que podem advir do aluguel de um de seus imóveis.

No entanto, o precedente aberto pelo Supremo Tribunal Federal tem permitido aos operadores do direito discutir a abrangência da exceção, isto é, quando restaria mantida a imunidade, apesar de as atividades exercidas não dizerem respeito às atividades essenciais da entidade imune.

Nesse sentido, os entes federados, autarquias e fundações têm pleiteado pontualmente a manutenção da imunidade no caso de aluguel de imóveis e outras atividades econômicas; e as pessoas listadas no art. 150, VI, c, da Constituição têm pleiteado a manutenção da imunidade no caso de realização de outras atividades econômicas.

Livro, jornal, periódico e papel destinado a sua impressão

Na carta política de 1988 são estabelecidas diversas categorias de imunidades, sendo algumas de caráter subjetivo e outras de caráter objetivo. A imunidade dos livros, jornais, periódicos e papel destinado a sua impressão é objetiva, na medida em que se refere especificamente à coisa: papel de impressão ou livro, jornal e periódico[190] (art. 150, VI, d, da CR/88).

Embora essa imunidade tributária conferida pela Constituição da República seja objetiva, ela está dirigida à proteção

---

[190] Ver Baleeiro (2000:340). Esse entendimento prevalece na doutrina e na jurisprudência até os dias atuais, ressalvando-se, entretanto, que a publicidade paga, veiculada em livros, jornais e periódicos, também está abrangida pela imunidade em relação ao imposto sobre serviços de qualquer natureza. A conclusão a que se chegou é que, como o objetivo da imunidade é exatamente reduzir o custo de produção de jornais, livros e periódicos, há que se estender o seu campo de incidência ao imposto sobre serviço que, transferindo-se ao preço final do produto, causaria invariavelmente o seu aumento.

dos meios de expressão do pensamento, protegendo o veículo para alcançar a sua finalidade precípua, que é a propagação de ideias no interesse social. Assim, evita-se que o Estado utilize os impostos como meio de reprimir e coagir o desempenho dessas atividades.

A imunidade do livro é tradicional no ordenamento jurídico brasileiro, tendo como fundamento a importância da proteção e divulgação de conhecimentos, informações, enfim, a difusão da cultura.[191]

De se notar que não estão abrangidos pela norma imunizante outros insumos necessários à edição de periódicos, livros e jornais, como as máquinas e as tintas, mas somente o papel destinado a sua impressão, tendo o STF englobado nesse rol, ainda, o filme fotográfico.[192]

No âmbito do próprio pretório excelso, o ministro Celso de Mello,[193] em decisão monocrática, consignou que considera mais adequada a tese pela extensão da imunidade inclusive aos produtos relacionados ao conteúdo divulgado por tais veículos de informação.

Contudo, em tal percuciente *decisum*, além de traçar verdadeira abordagem panorâmica do enfrentamento da matéria por aquela corte, contrariando suas convicções lógico-jurídicas em prestígio ao "princípio da colegialidade" — conforme as próprias palavras do relator —, reconheceu que prevalece hodiernamente no âmbito do Supremo Tribunal Federal a tese restritiva.

---

[191] Nesse sentido, observa Moraes (1998:35): "esta imunidade tributária é objetiva e, para o papel, condicionada, alcançando os referidos bens. O escopo dessa vedação de imposto é a divulgação de ideias, a difusão da cultura, de conhecimentos e informações, desde que o instrumento utilizado seja o papel (livros, jornais, periódicos e o papel destinado à sua impressão). Trata-se de uma imunidade tributária que vem sendo consagrada há mais de 44 (do papel) ou 27 *anos* (dos livros) pelas constituições brasileiras, o que representa um princípio constitucional já arraigado na tradição jurídica e na própria sociedade nacional, que mantém a proteção dos bens arrolados".
[192] STF. Primeira Turma. RE nº 220.154/RS. Rel. Min. Octavio Gallotti. j. 17.03.1998. *DJ*, 23 out. 1998.
[193] STF. RE nº 509.279/RJ. Rel. Min. Celso de Mello. j. 27.08.2007. *DJ*, 18 set. 2007.

Assim, o ministro Celso de Mello deu provimento ao recurso extraordinário manejado pela União, por meio do qual se pretendia reformar julgado do TRF da 2ª Região (Rio de Janeiro) que havia concedido segurança em MS impetrado por determinada editora para fins de reconhecer a imunidade de *kits* eletrônicos que acompanham fascículos educativos. Confira-se o teor da mencionada decisão proferida quando do julgamento do RE nº 509.279/RJ:

> A controvérsia constitucional suscitada na presente causa põe em evidência a discussão em torno da abrangência normativa da imunidade tributária a que se refere o art. 150, VI, "d", da Constituição da República. Devo registrar, neste ponto, que dissinto, respeitosamente, da orientação majoritária que tem sido observada, no tema ora em análise, pela jurisprudência desta Suprema Corte. É que, embora vencido no julgamento do RE 203.859/SP, ocasião em que o Supremo Tribunal Federal consagrou entendimento restritivo a propósito da matéria em causa, sustento — com fundamento em autorizada lição doutrinária (Hugo de Brito Machado, *Curso de direito tributário*, p. 248, item n. 3.12, 20ª ed., 2002, Malheiros; Roque Antonio Carrazza, *Curso de direito constitucional tributário*, p. 681, item n. 4.4.3, 17ª ed., 2002, Malheiros; Regina Helena Costa, *Imunidades tributárias*, p. 192, item n. 2.4.5, 2001, Malheiros, *v.g.*) — a possibilidade de interpretação extensiva do postulado da imunidade tributária, na hipótese prevista no art. 150, VI, "d", da carta política, considerando, para esse efeito, a própria teleologia da cláusula que impõe, ao Estado, essa específica limitação constitucional ao poder de tributar. É preciso ter presente, na análise do tema em exame, que a garantia da imunidade estabelecida pela Constituição republicana brasileira, em favor dos livros, dos jornais, dos periódicos e do papel destinado à sua impressão (CF, art. 150, VI, "d"), reveste-se de significativa

importância de ordem político-jurídica, destinada a preservar e a assegurar o próprio exercício das liberdades de manifestação do pensamento e de informação jornalística, valores em função dos quais essa prerrogativa de índole constitucional foi conferida, instituída e assegurada. Não se pode desconhecer, dentro desse contexto, que as imunidades tributárias de natureza política destinam-se a conferir efetividade e a atribuir concreção a determinados direitos e garantias fundamentais reconhecidos e assegurados às pessoas e às instituições. Constituem, por isso mesmo, expressões que traduzem significativas garantias de ordem instrumental, vocacionadas, na especificidade dos fins a que se dirigem, a proteger o exercício da liberdade de expressão intelectual e da liberdade de informação. O instituto da imunidade tributária não constitui um fim em si mesmo. Antes, representa um poderoso fator de contenção do arbítrio do Estado, na medida em que esse postulado fundamental, ao inibir, constitucionalmente, o poder público no exercício de sua competência impositiva, impedindo-lhe a prática de eventuais excessos, prestigia, favorece e tutela o espaço em que florescem aquelas liberdades públicas. Cumpre ter em consideração, neste ponto, a grave advertência lançada pelo ministro Aliomar Baleeiro (*Limitações constitucionais ao poder de tributar*, p. 189 e 191, 5ª ed., 1977, Forense), cujo magistério, versando o tema da imunidade concernente a livros, jornais e revistas, assinala: "a Constituição almeja duplo objetivo ao estatuir essa imunidade: amparar e estimular a cultura através dos livros, periódicos e jornais; garantir a liberdade de manifestação do pensamento, o direito de crítica e a propaganda partidária (...). (...) o imposto pode ser meio eficiente de suprimir ou embaraçar a liberdade da manifestação do pensamento, a crítica dos governos e homens públicos, enfim, de direitos que não são apenas individuais, mas indispensáveis à pureza do regime democrático". Dentro dessa perspectiva, é preciso considerar que a garantia da imunidade qualifica-se como instrumento de proteção constitucional vocacionado a preservar direitos fundamentais — como a liberdade de informar e o direito do cidadão de ser informado —, em ordem a evitar uma situação de perigosa submissão tributária das empresas jornalísticas, reais destinatárias dessa especial prerrogativa de ordem jurídica, ao poder impositivo do Estado. Ocorre, no entanto, que o Supremo Tribunal Federal, ao interpretar, restritivamente, o alcance da cláusula inscrita no art. 150, VI, "d", da carta política, firmou entendimento no sentido de que a garantia constitucional da imunidade tributária, tratando-se de insumos destinados à impressão de livros, jornais e periódicos, estende-se, exclusivamente, a materiais que se mostrem assimiláveis ao papel, abrangendo, em consequência, para esse efeito, os filmes e papéis fotográficos (RTJ 167/988-989, Rel. p/ o acórdão Min. Marco Aurélio; RE 178.863/SP, Rel. Min. Carlos Velloso; RE 289.370/SP, Rel. Min. Moreira Alves, v.g.). Essa diretriz jurisprudencial — de que respeitosamente divirjo, como já assinalei no início desta decisão — exclui do alcance tutelar da garantia constitucional a que alude o art. 150, VI, "d", da Lei Fundamental, quaisquer outros insumos, embora referentes ao processo de composição, impressão e publicação de livros, jornais e periódicos (RE 203.124/RS, Rel. Min. Nelson Jobim), tais como tintas (AI 307.932-AgR/SP, Rel. Min. Néri da Silveira; RE 265.025/SP, Rel. Min. Moreira Alves, v.g.), maquinários e peças necessárias à produção (RE 195.576-AgR/SP, Rel. Min. Marco Aurélio; RE 203.267/RS, Rel. p/ o acórdão Min. Maurício Corrêa; RE 213.688/PR, Rel. Min. Marco Aurélio), equipamentos a serem utilizados no parque gráfico (RE 215.798/RS, Rel. Min. Ilmar Galvão), tiras plásticas (fios de prolipropileno) para amarração de jornais (RE 208.638-AgR/RS, Rel. Min. Sepúlveda Pertence; RE 220.154/RS, Rel. Min. Octavio Gallotti) e produtos à base de solução alcalina, para acelerar o processo de secagem da tinta, viabilizando, desse modo, a pronta distribuição das publicações (RE 204.234/RS, Rel. p/ o acórdão Min. Maurício Corrêa). Cabe ressaltar, por necessário, que esse entendimento tem prevalecido na jurisprudência firmada pelo Supremo Tribunal Federal (RTJ 167/1050, Rel. Min. Néri da Silveira; RE 208.466-AgR/RS, Rel. Min. Maurício Corrêa; RE 244.698-AgR/SP, Rel. Min. Ellen Gracie, v.g.): "o Supremo Tribunal Federal, no julgamento, em plenário, dos RREE n°s 174.474 e 203.859, Relator para o acórdão o Ministro Maurício Corrêa, firmou entendimento de que a imunidade alcança as operações de importação de filmes e papéis fotográficos, e, nas decisões proferidas nos RREE n°s 208.466 e 203.063 (Rel. Min. Maurício Corrêa, *DJ* 14/03/97), afastou a referida imunidade relativamente aos demais insumos gráficos" (RE 206.076/SP, Rel. Min. Moreira Alves). O exame da presente causa evidencia que o acórdão ora questionado — que reconheceu, em favor da empresa recorrida, a prerrogativa da imunidade tributária, por tratar-se, no caso, de *kits* eletrônicos que acompanham fascículos educativos — diverge da jurisprudência que o Supremo Tribunal Federal consagrou na análise do tema em discussão. Não obstante a minha pessoal convicção em sentido contrário, que acolhe exegese extensiva a propósito do tema em discussão, tal como exposta no julgamento do RE 203.859/SP, em voto parcialmente vencido que nele proferi, devo ajustar o meu entendimento à diretriz jurisprudencial prevalecente nesta suprema corte, em respeito e em atenção ao princípio da colegialidade. Sendo assim, pelas razões expostas, conheço e dou provimento ao presente recurso extraordinário, em ordem a denegar o mandado de segurança impetrado pela parte ora recorrida. No que concerne à verba honorária, revela-se aplicável o enunciado constante da Súmula 512/STF. Publique-se. Brasília, 27 de agosto de 2007. Ministro Celso De Mello, Relator.

De toda forma, são imunes todos os livros, jornais e periódicos, bem como apostilas,[194] independentemente do seu conteúdo cultural, ainda que seja categorizado pela maioria dos indivíduos como imoral e, até mesmo, pornográfico. Não é dado ao legislador estabelecer a censura por meio da tributação.

Nesse sentido, confira-se a ementa de julgado do pretório excelso quando reconheceu a extensão da imunidade do art. 150, VI, d, da CR/88 aos álbuns de figurinhas:

> Constitucional. Tributário. Imunidade. Art. 150, VI, "d" da CF/88. "Álbum de figurinhas". Admissibilidade. 1. A imunidade tributária sobre livros, jornais, periódicos e o papel destinado à sua impressão tem por escopo evitar embaraços ao exercício da liberdade de expressão intelectual, artística, científica e de comunicação, bem como facilitar o acesso da população à cultura, à informação e à educação. 2. O constituinte, ao instituir esta benesse, não fez ressalvas quanto ao valor artístico ou didático, à relevância das informações divulgadas ou à qualidade cultural de uma publicação. 3. Não cabe ao aplicador da norma constitucional em tela afastar este benefício fiscal instituído para proteger direito tão importante ao exercício da democracia, por força de um juízo subjetivo acerca da qualidade cultural ou do valor pedagógico de uma publicação destinada ao público infanto-juvenil. 4. Recurso extraordinário conhecido e provido.[195]

Vale consignar que o STF considerou igualmente imunes as listas telefônicas, em razão de sua utilidade pública,[196] sendo

---

[194] STF. Segunda Turma. RE nº 183.403/SP. Rel. Min. Marco Aurélio. j. 07.11.2000. DJ, 4 maio 2001.
[195] STF. Segunda Turma. RE nº 221.239/SP. Rel. Min. Ellen Gracie. j. 25.05.2004. DJ, 6 ago. 2004.
[196] STF. Primeira Turma. RE nº 134.071/SP. Rel. Min. Ilmar Galvão. j. 15.09.1992. DJ, 30 out. 1992.

irrelevante para fins de reconhecimento da situação imunizante se tais publicações veiculam anúncios e publicidade.[197]

Não obstante a edição da Súmula nº 657, que dispõe que "a imunidade prevista no art. 150, VI, d, da Constituição Federal abrange os filmes e papéis fotográficos necessários à publicação de jornais e periódicos", atual debate ainda em trâmite no STF diz respeito à extensão da imunidade do art. 150, VI, d, da CR/88 às peças sobressalentes para equipamento de impressão de jornais, em grande discussão acerca da necessidade de interpretação objetiva ou teleológica sobre o assunto.[198]

Livro eletrônico

Importa saber se o livro eletrônico está acobertado pela imunidade tributária do livro tradicional. Sobre o tema, divide-se a doutrina, revelando a importância acadêmica do assunto, não se podendo esquecer do aspecto econômico, em face do notório crescimento da indústria informática no Brasil e no mundo.

De acordo com o que defende Saraiva Filho (1998:134), a norma constitucional teria elegido tão somente as obras cujo suporte físico seja o papel, não sendo possível, no caso, a utilização da analogia integrativa no sentido de ampliar o alcance da norma constitucional limitadora do poder de tributar.

Depreende-se, ainda, da linha de raciocínio em comento, que a única forma de tornar o livro eletrônico imune à tributação seria por meio de uma reforma do texto constitucional.

Vale destacar, ainda, o posicionamento do professor Torres (1996:95, 98-99), corroborando o entendimento de que os li-

---

[197] STF. Segunda Turma. RE nº 199.183/SP. Rel. Min. Marco Aurélio. j. 17.04.1998. DJ, 12 jun. 1998.
[198] STF. Informativo de Jurisprudência nº 506.

vros eletrônicos estão sujeitos a tributação em razão, inclusive, da própria vontade do legislador constituinte de 1988. Afirma o ilustre professor que

> não guardando semelhança o texto do livro e o hipertexto das redes de informática, descabe projetar para este a imunidade que protege aquele. (...)
>
> Não se pode, consequentemente, comprometer o futuro da fiscalidade, fechando-se a possibilidade de incidências tributárias pela extrapolação da vedação constitucional para os produtos da cultura eletrônica. (...)
>
> Quando foi promulgada a Constituição de 1988, a tecnologia já estava suficientemente desenvolvida para que o constituinte, se o desejasse, definisse a não incidência sobre a nova mídia eletrônica. Se não o fez é que, *a contrario sensu*, preferiu restringir a imunidade aos produtos impressos em papel.

Segundo os autores da tese restritiva, o que está verdadeiramente amparado pela imunidade tributária é apenas a mídia escrita tipográfica, tendo, pois, como base o papel, não sendo acolhida nem mesmo a mídia sonora ou audiovisual, tampouco os chamados livros eletrônicos.

Divergindo da tese acima exposta, há autores que defendem que a vedação ao poder de tributar em análise também abrange o livro eletrônico. Entre esses autores encontra-se Carrazza (1997b:139), que faz as seguintes ponderações:

> São os *fins* a que se destinam os livros e equivalentes — e, não, sua forma — que os tornam imunes a impostos. Livros, na acepção da alínea d, do inc. VI, do art. 150 da CF, são *os veículos do pensamento*, vale dizer, os que se prestam para difundir

ideias, informações, conhecimentos etc. Pouco importam o *suporte material* de tais veículos (papel, celuloide, plástico etc.) e a forma de transmissão (caracteres alfabéticos, signos braille, impulsos magnéticos etc.).[199]

Os defensores da imunidade tributária dos livros eletrônicos partem da premissa de que a liberdade de pensamento e de expressão e o livre acesso à informação — direitos subjetivos públicos — constituem imunidades genéricas. Ou seja, o sistema tributário constitucional reconhece, de um lado, o poder de tributar estabelecendo normas rígidas e inflexíveis de competências. Por outro lado, estabelece regras e princípios que excluem a competência tributária objetivando preservar direitos fundamentais.

Desse modo, a imunidade do papel destinado à impressão não pode acabar por excluir da proteção da norma outros instrumentos de exteriorização e difusão da cultura que, pela evolução tecnológica, não necessitam ser impressos. Nesse sentido, salienta Ferraz Júnior (1998:36):

> O importante aqui é sublinhar que a imunidade é, primariamente, para o *veículo* da mídia escrita e, *acessoriamente*, para o papel. Assim, se, por exemplo, o livro é imune, não cabe, aí sim, ao exegeta distinguir onde a norma não distinguiu, isto é, não lhe cabe decompor o livro nos seus elementos materiais e imateriais, para aceitar alguns e excluir outros. Afinal, imune é o livro, com tudo o que o compõe. Sua imunidade é autônoma em relação ao papel, embora possa ser reconhecido que a imunidade do papel, porque acessória, não é autônoma em relação ao livro, ao periódico e ao jornal. Destarte, como assinala Baleeiro, mesmo sem constatar expressamente, a imunidade é

---

[199] Grifo nosso.

para o papel destinado exclusivamente à impressão, mas não é exclusivamente para o papel![200]

Da mesma forma, Paulsen (2007:253) defende que a referência contida no art. 150, VI, d, ao papel destinado à impressão de livros, periódicos e jornais não deve ser entendida de forma limitativa, ou seja, "como impeditiva da imunidade dos livros, jornais e periódicos gravados ou divulgados por outro meio". O autor chega a tal conclusão baseando-se no conteúdo axiológico dos direitos fundamentais a que o texto fundamental objetivou proteger e, assim, não vê "razão para a imunidade não abranger os livros em CD-ROM e as revistas eletrônicas acessíveis pela internet".

Como se pode notar, para essa corrente a mídia escrita não se confunde com o seu suporte, mesmo que somente com ela forme uma integralidade. Por essa razão, quando a Constituição garante a imunidade de livros, periódicos e jornais, deve-se estender essa imunidade a toda a mídia escrita, como forma de garantia da liberdade.

Embora não seja tão recente, pede-se vênia para transcrever parte de escorreita análise, da lavra de Ávila (2001), acerca do panorama jurisprudencial do Supremo Tribunal Federal quanto aos argumentos sustentados a favor, ou não, de uma eventual adequação da extensão da imunidade dos livros eletrônicos em face do que preceitua o art. 150, VI, d, da CR/88, nomeadamente pela circunstância de que pouco restou alterado o posicionamento do STF até os dias atuais, eis que aquela excelsa corte ainda não pacificou seu entendimento sobre o tema:

> Especificamente com relação à imunidade dos livros e periódicos, o Supremo Tribunal Federal tem adotado uma interpretação

---

[200] Grifo nosso.

que modifica o sentido mais imediato do dispositivo (interpretação corretiva) com utilização do argumento a *simili*. Mesmo que o dispositivo constitucional tenha utilizado o vocábulo "papel", o Pleno do Supremo Tribunal incluiu no seu campo de aplicação não só o papel utilizado diretamente na confecção dos bens referidos, mas também insumos nela consumidos, como são os filmes e papéis fotográficos. Segundo o mesmo Tribunal Pleno, é de se entender que "não estão excluídos" da imunidade os periódicos que cuidam apenas e tão somente de informações genéricas ou específicas, sem caráter noticioso, discursivo, literário, poético ou filosófico, mas de "inegável utilidade pública", como é o caso das listas telefônicas. Ainda: o Pleno do Tribunal entendeu que a razão de ser da imunidade prevista no texto constitucional está no interesse da sociedade em ver afastados procedimentos capazes de inibir a produção material e intelectual de livros, jornais e periódicos, razão por que a imunidade alcançaria não só o papel utilizado diretamente na confecção dos bens referidos, como também insumos nela consumidos como são os filmes e papéis fotográficos. (...)

No mesmo sentido, a Primeira Turma entendeu que a imunidade é de ser entendida como abrangente de qualquer material suscetível de ser assimilado ao papel utilizado no processo de impressão. (...)

Em todos esses casos, o Supremo Tribunal Federal, em vez de se ater isoladamente aos vocábulos constantes dos dispositivos constitucionais, buscou seu sentido em consonância com o princípio constitucional do livre acesso à informação. Embora controvertida essa qualificação, a interpretação da alta corte nesses casos pode ser qualificada como "corretiva" ou "ampliativa". Nesse sentido, a imunidade dos "livros" deveria abranger também os "livros eletrônicos": o "livro eletrônico", também, é meio para melhorar o acesso à informação.

Ocorre que é igualmente possível defender o não enquadramento do "livro eletrônico" na imunidade dos livros com base na mesma jurisprudência do Supremo Tribunal Federal, se analisadas aquelas outras decisões que interpretam de maneira "restritiva" ou "literal" as imunidades. (...)

A Segunda Turma do Supremo Tribunal Federal (...) também interpreta literalmente, quando entende que não há livro, periódico ou jornal, sem papel, por ter a Constituição previsto um dos elementos destinados à obtenção do produto final assegurado pela imunidade. (...) Relativamente à imunidade dos livros e periódicos, o Supremo Tribunal Federal tem decisões que adotam semelhante interpretação literal e restritiva.

Realizada consulta a julgados recentes do pretório excelso sobre o assunto, releva trazer à colação decisão monocrática proferida em 23 de maio de 2006 pelo ministro Eros Grau, no bojo do RE nº 282.387/RJ,[201] por meio da qual esposou entendimento restritivo, afastando a aplicação da previsão imunizante contida no art. 150, VI, d, da CR/88 a CD-ROMs que acompanham livros técnicos de informática, *verbis*:

> Decisão. Debate-se no presente recurso extraordinário a imunidade dos impostos incidentes sobre a importação de CD-ROMs que acompanham livros técnicos de informática. 2. O tribunal de origem entendeu que: "Ementa: Constitucional e tributário. Imunidade. CD-ROM. Livros impressos em papel, ou em CD-ROM, são alcançados pela imunidade da alínea 'd' do inciso VI do art. 150 da Constituição Federal. A Portaria MF 181/89 — na qual se pretende amparado o ato impugnado — não determina a incidência de imposto de importação e IPI sobre disquetes,

---

[201] STF. RE nº 282.387/RJ. Rel. Min. Eros Grau. j. 23.05.2006. *DJ*, 8 jun. 2006.

CD-ROM, nos quais tenham sido impressos livros, jornais ou periódicos. Remessa necessária improvida". 3. A imunidade prevista no artigo 150, VI, "d", da Constituição está restrita apenas ao papel ou aos materiais a ele assemelhados, que se destinem à impressão de livros, jornais e periódicos. Neste sentido o AI n. 220.503, relator o ministro Cezar Peluso, DJ de 08.10.04; o RE n. 238.570, relator o ministro Néri da Silveira, DJ de 22.10.99; o RE n. 207.462, relator o ministro Carlos Velloso, DJ de 19.12.97; o RE n. 212.297, relator o ministro Ilmar Galvão, DJ de 27.02.98; o RE n. 203.706, relator o ministro Moreira Alves, DJ de 06.03.98; e o RE n. 203.859, relator o ministro Carlos Velloso, DJ de 24.08.01. Dou provimento ao recurso com fundamento no disposto no artigo 557, §1º-A, do CPC.

Destarte, recorrendo novamente à pena de Ávila (2001), com relação à evolução do tratamento jurisprudencial sobre o assunto,

> Como se vê, não é a rigor possível falar de uma jurisprudência unidirecional do Supremo Tribunal Federal relativamente às imunidades, em especial à imunidade dos livros. O que se pode notar é apenas uma cumulação de argumentos em favor de uma interpretação extensiva das imunidades pelas turmas e, sobretudo, pelo Tribunal Pleno.

Questões de automonitoramento

1. Após ler este capítulo, você é capaz de resumir o caso gerador, identificando as partes envolvidas, os problemas atinentes e as possíveis soluções cabíveis?
2. Discorra sobre as imunidades tributárias.
3. Diferencie imunidade, isenção e não incidência.
4. A residência do padre numa igreja católica é imune de IPTU?

E a de um pastor de uma igreja evangélica num bairro próximo ao do templo?
5. São imunes os periódicos publicados na internet?
6. Pense e descreva, mentalmente, outras alternativas para a solução do caso gerador.

6

Legislação tributária: aplicação, vigência, interpretação e integração

Caso gerador

O art. 195 da Constituição Federal dispõe:

> A seguridade social será financiada por toda a sociedade, de forma direta e indireta, nos termos da lei, mediante recursos provenientes dos orçamentos da União, dos estados, do Distrito Federal e dos municípios, e das seguintes contribuições sociais:
>
> I — do empregador, da empresa e da entidade a ela equiparada na forma da lei, incidentes sobre:
>
> a) a folha de salários e demais rendimentos do trabalho pagos ou creditados, a qualquer título, à pessoa física que lhe preste serviço, mesmo sem vínculo empregatício;
>
> b) a receita ou o faturamento;
>
> c) o lucro;
>
> II — do trabalhador e dos demais segurados da previdência social, não incidindo contribuição sobre aposentadoria e pen-

são concedidas pelo regime geral de previdência social de que trata o art. 201;

III — sobre a receita de concursos de prognósticos;

IV — do importador de bens ou serviços do exterior, ou de quem a lei a ele equiparar.

Considerando o texto acima, uma sociedade de advogados ingressa em juízo, alegando não ser obrigada ao pagamento de Cofins, PIS, contribuição social sobre o lucro e contribuição previdenciária sobre folha de salários e sobre autônomos, uma vez que, de acordo com a legislação civil em vigor, constitui-se numa sociedade simples. Por outro lado, demonstra não possuir empregados, sendo todas as pessoas que nela trabalham sócios ou empregados de empresas terceirizadas nas áreas de limpeza, secretariado e segurança. Assim, não poderia ser equiparada a empregador ou empresa (sociedade empresária), estando fora da regra prevista no referido dispositivo constitucional. De acordo com as regras hermenêuticas aplicáveis ao caso, analise o pleito.

Roteiro de estudo

Vigência da norma tributária

Em princípio, aplicamos as regras de vigência, relativas às normas jurídicas. A lei, seja ela tributária ou não, passa a existir depois de sua sanção, promulgação e publicação, pelo chefe do Poder Executivo. Promulgada, a lei já existe, mas não está em vigor. A publicação dá ciência a todos os jurisdicionados da existência da lei. A lei pode estar publicada, mas ainda não estar vigente.

Segundo o art. 8º da Lei Complementar nº 95/98, a lei deve dispor expressamente sobre a sua vigência, reservada a cláusula "entra em vigor na data de sua publicação" para as leis de pequena repercussão.

Ocorre que quase todas as leis — notadamente as de natureza tributária —, por força de seu próprio texto, só entram em vigor na data da publicação. Nesse caso, temos o problema da anterioridade. Assim, podemos questionar: a lei, ao entrar em vigor hoje, já torna possível a cobrança de tributo? Não, porque, embora já esteja vigente, não atingiu ainda sua eficácia, fenômeno que segue a disciplina do capítulo destinado à aplicabilidade da lei tributária, objeto do próximo tópico.

A lei, se não for temporária, permanece em vigor até que seja revogada expressa ou tacitamente por outra. De acordo com §1º do art. 2º da Lei de Introdução ao Código Civil (DL nº 4.657/42), "a lei posterior revoga a anterior quando expressamente o declare, quando seja com ela incompatível ou quando regule inteiramente a matéria de que tratava a lei anterior".

O conflito entre duas leis vigentes se resolve por meio dos critérios da hierarquia, da especialidade e da ordem cronológica. O conflito entre o critério hierárquico e os demais se resolve pela prevalência do primeiro. Já entre o critério cronológico e o da especialidade, prevalece o último. Em relação aos princípios e valores, tais métodos nem sempre são suficientes, devendo o hermeneuta lançar mão da ponderação de interesses.

Do ponto de vista espacial, a lei municipal tem vigência no território do município; a estadual, no território do estado; e a lei federal tem vigência no território nacional. Porém, há a possibilidade da extraterritoriedade da lei, ou seja, da vigência da lei fora do território da entidade legiferante. O art. 102 do CTN prescreve que a lei municipal e a lei estadual terão vigência fora do território das entidades tributantes, se assim for reconhecido em convênio e em lei de normas gerais.

Por sua vez, a lei federal terá vigência fora do território brasileiro quando assim for reconhecido por tratado internacional, como, por exemplo, nos casos dos tratados para evitar a dupla tributação.[202]

Aplicação da norma tributária

O art. 105 do CTN prevê que a legislação tributária aplica-se imediatamente aos fatos geradores futuros e aos pendentes, assim entendidos aqueles cuja ocorrência tenha tido início, mas não esteja completa nos termos do art. 116 do CTN. Fato gerador pendente é aquele que começou, mas não terminou.

No entanto, a aplicação da lei tributária ao fato gerador pendente, segundo a doutrina majoritária, viola os princípios da anterioridade e da irretroatividade. A Súmula nº 584 do STF, porém, consagra a aplicação da lei tributária ao fato gerador pendente.

Por sua vez, o art. 106 do CTN prevê as hipóteses de retroatividade da lei no direito tributário. Essas hipóteses se limitam a quando a lei for expressamente interpretativa, excluída a aplicação de penalidade à infração dos dispositivos interpretados,[203] e, ainda, tratando-se de ato não definitivamente julgado:

❏ quando deixe de defini-lo como infração;
❏ quando deixe de tratá-lo como contrário a qualquer exigência de ação ou omissão, desde que não tenha sido fraudulento e não tenha implicado falta de pagamento de tributo;

---

[202] O Brasil é signatário de acordos internacionais para evitar a dupla tributação com os seguintes países: África do Sul, Argentina, Áustria, Bélgica, Canadá, Chile, China, Coreia, Dinamarca, Equador, Espanha, Filipinas, Finlândia, França, Hungria, Índia, Israel, Itália, Japão, Luxemburgo, México, Noruega, Países Baixos, Portugal, República Eslovaca, República Tcheca, Suécia e Ucrânia. Disponível em: <www.receita.fazenda.gov.br/legislacao/acordosinternacionais/acordosduplatrib.htm>. Acesso em: 6 jan. 2009.

[203] Assim se manifestou o ministro relator Humberto Martins nos autos do REsp. nº 640.584-RJ, julgado em 21 de agosto de 2008, ao afirmar que "o art. 106, II, c, do CTN, que dispõe que a lei mais benéfica ao contribuinte aplica-se a ato ou fato pretérito, desde que não tenha sido definitivamente julgado, aplica-se tão somente para as penalidades (...)".

- quando lhe comine penalidade menos severa que a prevista na lei vigente ao tempo da sua prática.

Interpretação da norma tributária

A problemática da interpretação da lei tributária se prende à elucidação da questão da hermenêutica na teoria geral do direito, estando superadas, historicamente, as teses que recomendavam uma exegese especial para o direito tributário,[204] seja a partir da ótica do interesse dos contribuintes, que na esfera de sua autonomia privada poderiam fazer, sem o ônus fiscal, tudo o que não fosse expressamente e, sem sombra de dúvidas, previsto em lei — como queriam os autores de índole formalista —, seja por meio de uma interpretação economicista que, desprezando a segurança jurídica, descambou para uma visão causalista da justiça, como pregavam os defensores da teoria da consideração econômica do fato gerador.

Atividade hermenêutica

De acordo com Engisch (1996:126), "a tarefa da interpretação é fornecer ao jurista o conteúdo e o alcance (extensão) dos conceitos jurídicos". Segundo o referido autor, o conteúdo se prende às conotações conceituais, e o alcance, à definição dos grupos de indivíduos que irão se subsumir na norma.

Para Larenz (1997:439), a interpretação consiste na "mediação pela qual o intérprete traz à compreensão o sentido do texto que se lhe torna problemático". O festejado autor alemão, em sua famosa *Metodologia da ciência do direito*, buscou no círculo hermenêutico desenvolvido por Gadamer (1999:400),

---

[204] A maioria dos autores assim tem entendido, seja no Brasil, seja no exterior, como relata Torres (2000d:52). Por todos, ver Perez de Ayala (1968:99); e Falcão (1987:63).

a partir das ideias de Heidegger, subsídios para um método de interpretação jurídica.

A compreensão da linguagem jurídica se dá com base no sentido que cada palavra inserida no texto possui. E esse sentido é, por sua vez, informado pelo sentido global do texto. À medida que o intérprete evolui na leitura, pode acontecer que o sentido originalmente empregado para cada palavra seja modificado. Nesse caso, deve o leitor retornar aos pontos em que a palavra foi utilizada e reorientar sua interpretação com base no novo sentido. É que, para o início da atividade de interpretação, indispensável se torna uma pré-compreensão da matéria que se vai estudar. Entretanto, a cada passo avançado no conhecimento do texto, o sentido adotado originalmente para a palavra, a partir da pré-compreensão, é muitas vezes substituído por um novo sentido oferecido pelo contexto estudado.[205]

Adaptando essa figura do círculo para a hermenêutica jurídica, Larenz (1997:289) identifica a pré-compreensão do trabalho desenvolvido pelos juristas das gerações anteriores, graças ao qual a doutrina e a jurisprudência atuais tiveram o seu desenvolvimento. A primeira ideia que o aplicador tem da lei é dada por essa tradição jurídica, que aos poucos vai sendo substituída pelo conteúdo da própria lei a ser interpretada.

No entanto, como adverte Larenz (1997:300), o trabalho do intérprete não se limita a subsumir o fato concreto à norma abstrata, uma vez que esta jamais poderá descrever a complexidade do caso concreto. Como já foi visto anteriormente, as proposições jurídicas poucas vezes se revelam por conceitos, assim entendidos como uma definição obtida mediante a indicação exaustiva de todas as notas distintivas que a caracterizam. O direito também se manifesta — e isso é muito mais comum

---

[205] Gadamer, 1999:401-402.

— por meio de tipos e de pautas de valoração que carecem de preenchimento e cujo entendimento só se torna possível por ocasião da aplicação da norma.

É justamente para a compreensão dessas normas carecedoras de preenchimento que a interpretação vai bem além da mera subsunção do fato à norma, traduzindo-se em uma valoração. Ocorre que a aplicação do direito não se consome na interpretação. Esta encontra como limite as possibilidades oferecidas pelo sentido literal linguisticamente possível.[206] Para além destas, temos a integração, que se revela pelo preenchimento das lacunas contrárias ao plano do legislador e o desenvolvimento do direito para além da lei.[207]

A interpretação da lei quanto à extensão

É bastante encontradiça na doutrina a classificação da interpretação, quanto a sua extensão, em restritiva ou extensiva. A maioria dos autores identifica haver interpretação restritiva quando o legislador diz mais do que pretende, cabendo então ao intérprete restringir a amplitude do texto que não traduz a intenção menos ampla do legislador. Nessa mesma linha de pensamento, a interpretação extensiva se dá quando o legislador diz menos do que pretende. Caberia ao intérprete, nesse caso, aplicar a lei aos casos que, embora não contidos nas palavras do texto, estivessem de acordo com a intenção do legislador.[208]

Em que pese à grande aceitação dessa distinção na doutrina, vale ressaltar a dificuldade de sua aplicação prática. Tal dificuldade se dá pelo ponto de partida, por demais subjetivista, que a classificação adota, pois quase sempre é problemática a

---

[206] Larenz, 1997:454.
[207] Ibid., p. 524.
[208] Nesse sentido, e por todos, ver Ferrara (1987:149-151).

verificação da intenção do legislador histórico, como se abordará ao longo deste capítulo.

No entanto, a interpretação pode ser classificada como restritiva ou extensiva a partir de um outro raciocínio, desenvolvido por Larenz (1997:501). De acordo com o autor, da ambiguidade das palavras utilizadas pelo legislador é possível extrair um variável número de significados para cada conceito, a partir de uma interpretação do seu sentido literal possível. De cada conceito podemos extrair um âmbito nuclear, representado pelo sentido que, em primeiro lugar, é utilizado na linguagem corrente. No entanto, tal conceito ainda abrange outras acepções, só algumas vezes levadas em conta no uso linguístico geral, ou apenas existentes no uso especial. São os fenômenos contidos na chamada franja marginal do conceito.

O limite da franja marginal nos é dado pela interpretação extensiva. Além desta, não há mais que se falar em interpretação, mas em integração do direito. Já a interpretação restritiva é aquela que coincide com o âmbito nuclear. Aquém deste também não há interpretação, mas redução teleológica da lei.

Por outro lado, muitos dizem que as normas excepcionais devem ser interpretadas restritivamente,[209] e que em relação a elas não caberia analogia. Em primeiro lugar, a pesquisa sobre o que seria uma regra excepcional não será bem-sucedida ante a inexistência de um processo hermenêutico. Ademais, a máxima não pode ser aceita sem ponderações. A regra excepcional deve ser interpretada como qualquer outra, dentro do sentido literal possível. Assim, o legislador excepciona determinados casos da regra geral, a partir de uma ordem de validade negativa[210] cuja extensão pode ser interpretada como qualquer regra jurídica, desde que não esvazie a intenção legislativa contida na regra

---

[209] Por todos, ver Maximiliano (1991:227).
[210] Larenz, 1997:502.

geral. No entanto, não deve o aplicador partir para a integração do texto diante da inexistência de lacunas a serem preenchidas, uma vez que, não estando o caso previsto na regra excepcional, estará inexoravelmente embutido na regra geral.

Os métodos de interpretação

Os métodos de interpretação foram classificados por Savigny, em lição reproduzida há gerações, em gramatical, lógico, histórico e sistemático. No século XIX, os juristas ligados à jurisprudência dos interesses criaram o método teleológico, a se somar aos quatro citados.

Embora Savigny advertisse que os quatro métodos não poderiam ser escolhidos arbitrariamente pelo intérprete, por constituírem atividades a serem desenvolvidas conjuntamente,[211] a interpretação seguiu por caminhos que levaram, historicamente, à preponderância de um sobre os demais.

Na era da jurisprudência dos conceitos, predominou o método sistemático, pois, para o positivismo formalista então reinante, o que não estava no sistema jurídico não interessava ao direito. Já na jurisprudência dos interesses, onde o importante não era a norma, mas a intenção reguladora e o fato social, o método teleológico imperava sobre todos os outros.

Modernamente, numa jurisprudência aberta aos valores, característica do pós-positivismo, há uma pluralidade metodológica, não existindo hierarquia entre os vários métodos,[212] que, embora possam por vezes apontar para resultados contraditórios, como assinalou Engisch (1983:145), constituem manifestações interdependentes na atividade hermenêutica.

---

[211] Apud Engisch, 1983:145.
[212] Contrariamente, Canaris (1996:159) defende a prevalência do método teleológico sobre os demais.

Desse modo, a interpretação não se dá a partir da escolha de um critério, mas mediante um procedimento único em que o hermeneuta vai se utilizar de todos os métodos, prevalecendo, de acordo com o caso concreto, um ou outro. É justamente por isso que Larenz (1997:450) evita falar em métodos, preferindo a expressão "pontos de vista diretivos".

A pluralidade metodológica se revela num procedimento de interpretação que parte do sentido literal possível oferecido pelo texto e do contexto normativo em que a lei está inserida. A utilização desses dois primeiros critérios oferece alguns resultados possíveis na pesquisa do sentido das expressões da lei. Entre estes, prevalece aquele que se coadune com a intenção reguladora do legislador, com os fins teleológico-objetivos oferecidos pelas estruturas materiais do domínio da norma, e com princípios ético-jurídicos imanentes. Todo esse procedimento encontrará como limite o sentido literal possível do texto, numa das possibilidades fornecidas pela própria lei. Ultrapassado esse ponto, não há que se falar mais em interpretação, mas tão somente em integração ou desenvolvimento do direito para além da lei.[213]

A partir da utilização dos vários pontos de vista diretivos, num cenário em que impera a pluralidade metodológica, a atividade de interpretação é resultado de um processo científico de pesquisa do sentido da norma. Sendo essa pesquisa orientada por um sistema valorativo, composto por valores e princípios, são ineficazes as regras legais que oferecem critérios para a interpretação das leis.[214]

A ineficácia se revela devido à posição que tais regras ocupam dentro do sistema, devendo guardar compatibilidade com os valores e princípios imanentes ao caso concreto. Des-

---

[213] Larenz, 1997:485-487.
[214] No sentido do texto: Larenz (1997:455); Engisch (1983:179); Torres (2000d:276).

se modo, ou bem tais regras constituiriam meras disposições declaratórias desses valores e princípios — o que não raro seria impossível, dada a fluidez daqueles que muitas vezes só vão ganhar concretude diante da norma a ser interpretada —, ou bem acabariam por colidir com essas diretrizes axiológicas orientadoras da pesquisa do sentido da norma interpretada, padecendo, assim, de ilegitimidade.

O método literal

O método literal ou gramatical busca o significado do termo ou de uma cadeia de palavras no uso linguístico geral, ou, se for possível constatar que essa foi a intenção do legislador, no uso especial conferido à expressão por outro ramo do direito ou até mesmo por outra ciência.[215]

No entanto, como a linguagem humana não é unívoca, e por isso nem poderia ser diferente a linguagem do legislador (seja a expressão utilizada em sentido geral ou especial), a interpretação literal dará ensejo a uma variedade de significados para os termos utilizados na norma, demandando do hermeneuta a utilização dos outros métodos.

A utilização do sentido linguístico geral é mais comum, pois a norma é feita para ser compreendida por toda a sociedade, e não só pelos indivíduos mais cultos ou conhecedores da linguagem jurídica. No entanto, quando os termos tiverem um significado específico em outro ramo do direito ou em outra ciência, este precederá ao uso comum, em nome do princípio da unidade da ordem jurídica, salvo se os outros métodos de interpretação apontarem em sentido contrário.[216] Desse modo,

---

[215] Larenz, 1997:451.
[216] Ibid., p. 485. No mesmo sentido do texto: Engisch (1983:139) e Ferrara (1987:139); contra: Perez de Ayala (1968:109), para quem não se pode estabelecer um critério *a priori*, e Berliri (1952:63), que defende a prevalência das expressões de uso comum.

a existência de uma acepção especial para o conceito, muito embora quase nunca elimine a existência de mais de uma possibilidade interpretativa, reduz o número de variantes possíveis a serem resolvidas pelos outros métodos.[217]

No entanto, como observa Vanoni (1952:211), muitas vezes a mesma lei ou leis diferentes dão à mesma expressão acepções diversas. Nesse caso, é um erro o intérprete pretender dar-lhes um significado idêntico. Se o legislador pretende regular relações jurídicas diversas, deve buscar nos outros métodos o significado da expressão em cada situação por ele vislumbrada. Exemplo disso é a utilização do termo *proventos* pela Constituição de 1988. Quando utilizado na regra-matriz da competência tributária do imposto de renda e proventos de qualquer natureza, no capítulo do sistema tributário nacional, terá a acepção ampla, oriunda da linguagem comum, onde o termo é sinônimo de *proveito financeiro*. Já se formos pesquisar o seu sentido no capítulo relativo aos servidores públicos, o termo ganha uma acepção especial, extraída do direito administrativo, que assim denomina a remuneração percebida pelos servidores inativos.

Outro problema relativo à pesquisa do sentido literal possível consiste na natureza das enumerações contidas na legislação tributária. Um critério a ser utilizado ainda no âmbito do método literal, e que pode ser empregado sem embargo de diferentes conclusões indicadas pelos outros métodos, nos é oferecido por Berliri (1952:78), em lição reproduzida por Falcão (1987:69). Segundo esse critério, se o legislador se utiliza de um conjunto de elementos aproximados entre si por certo número de caracteres comuns, de forma que o todo seja composto por esse conjunto de características, temos uma enumeração exem-

---

[217] Larenz, 1997:452.

plificativa. Ao contrário, quando não houver traço comum de identificação entre os vários elementos contidos na definição, prevalece o caráter taxativo.

Como exemplo de enumeração taxativa, a partir da falta de identidade dos elementos que constituem o seu conteúdo, temos os bens imunizados pelo art. 150, VI, d, da Constituição Federal. Ao lado dos aspectos histórico e teleológico,[218] que recomendam a restrição da imunidade apenas ao papel, sem estendê-la a outros insumos, como a tinta ou as máquinas utilizadas na fabricação de livros, jornais e periódicos, podemos resolver a questão por meio do método literal, a partir do mecanismo proposto por Berliri. Sendo o livro, o jornal e o periódico veículos de comunicação, o papel destinado a sua impressão, como insumo que é, não guarda qualquer identidade com aqueles que sugiram em caráter exemplificativo à enumeração.[219]

Por outro lado, o sentido literal possível, a partir das várias acepções que tem o texto interpretado, seja na linguagem comum, seja na linguagem especial, constitui o limite da atividade de interpretação. Ultrapassada a franja marginal dos conceitos, como vimos, temos a integração e a complementação do direito. Ou seja, a interpretação não pode ter como resultado outra solução que não um dos vários significados fornecidos pelas palavras empregadas pelo legislador.

Portanto, está ainda no campo da interpretação o resultado obtido pela escolha de uma acepção pouco usual do termo, só usada em situações particulares. É a chamada *interpretação extensiva*, como já tivemos oportunidade de examinar.

---

[218] Ver Baleeiro (1997:339 e segs.); e Torres (1999:282 e segs.).
[219] Pela não extensão da imunidade do art. 150, VI, d, da Constituição Federal a outros insumos que não o papel tem decidido o STF (Pleno, RE nº 174.476/SP, Rel. Min. Maurício Correa, *DJU*, 12 dez. 1997, p. 65.580).

Assim, o limite entre a atividade de interpretação e a de integração está na fronteira — demarcada pelo sentido literal possível, mas nem sempre identificada com facilidade na prática — entre a interpretação extensiva e a analogia.

O método lógico

A utilização do método literal não poderá levar o intérprete a uma conclusão absurda. Por isso, ainda no exame da norma isoladamente considerada, é preciso evitar conclusões irracionais e contrárias ao direito.

De acordo com Maximiliano (1991:123), o método lógico "consiste em procurar descobrir o sentido e o alcance de expressões do direito sem auxílio de nenhum elemento exterior, como aplicar ao dispositivo em apreço um conjunto de regras tradicionais e precisas, tomadas de empréstimo à lógica geral".

Como bem observa Torres (2003), o método lógico, embora tenha sido um dos quatro concebidos por Savigny, não possui autonomia, ora se vinculando ao método sistemático — naquilo que se convencionou denominar de método lógico-sistemático, com a busca do sentido da norma no sistema —, ora derivando da conclusão gramatical, conforme sustenta Ascensão (2001:420).

O método sistemático

Na interpretação do texto legal, não se deve descurar de que este é apenas uma parte de um sistema jurídico composto por diversas outras normas. Desse modo, entre as várias possibilidades de interpretação oferecidas pelos métodos literal e lógico, o intérprete deve, de acordo com o método sistemático, optar por aquela que melhor se coadune com o contexto significativo da lei.[220] Ou seja, que esteja de acordo com o sistema jurídico no qual está inserida aquela regulação.

De acordo com Larenz (1997:457), o contexto significativo da lei determina a compreensão de cada palavra do texto. Do mesmo modo, a compreensão de cada passagem do texto é também determinada por esse contexto, no desenvolvimento do círculo hermenêutico. Trata-se, como sustenta Canaris (1996:156), de um processo dialético onde ocorre um esclarecimento mútuo entre a norma, que inova o sistema, e esse mesmo sistema, que informa a interpretação e aplicação da norma.

A ideia de adequação da norma ao sistema decorre do princípio da unidade da ordem jurídica, que, se for quebrada, dará ensejo à violação do princípio da isonomia.[221] Tal adequação se apresenta em dois planos: no plano externo, mediante a harmonização com os outros dispositivos do texto legal e de acordo com a localização em que a norma é nele inserida; e no plano interno, vinculada aos valores e princípios a ela imanentes. No primeiro caso, a utilização do método sistemático é uma decorrência do método literal; no último, do teleológico.[222]

Muito se diz que, no plano externo, a norma deve ser interpretada de acordo com a posição topográfica em que é encontrada no texto legal. Embora essa adequação no plano externo não seja destituída de relevância, já que muitas vezes a localização da seção, do capítulo, do título ou do livro onde são encontradas as normas serve como subsídio à sua compreensão, também não se pode desconsiderar o fato de que em muitos casos o dispositivo legal é inserido em local errado.

Exemplo malsucedido da interpretação do dispositivo de acordo com a sua localização no texto, no direito tributário

---

[220] Larenz, 1997:457.
[221] Canaris, 1996:286.
[222] Ibid., p. 158.

brasileiro, é a conclusão de que as contribuições do art. 195 da Constituição não teriam natureza tributária por estarem fora do capítulo da Constituição destinado ao sistema tributário nacional. Ora, constituindo verdadeiros impostos com destinação específica, não há dúvida quanto à natureza tributária de tais contribuições sociais,[223] a despeito de estarem previstas no art. 195 da Magna Carta e, portanto, fora do sistema tributário nacional.

Por outro lado, é no plano interno da norma que se apresentam a maior realização do método sistemático e sua maior adequação aos princípios e valores a ela imanentes. O sistema não é composto apenas pelas leis, mas se abre aos princípios e valores que não podem ser olvidados na interpretação das regras jurídicas.

Nesse sentido, o método sistemático se entrelaça com o teleológico na busca da finalidade da lei no âmbito de uma perspectiva axiológica. É que o contexto significativo da lei é essencialmente valorativo, e a finalidade do direito não deve ser buscada na singularidade de cada norma, mas no conjunto do sistema jurídico como um todo.

Aliás, não são poucos os autores que, como Canaris (1996:462), consideram o critério sistemático uma extensão do teleológico. Larenz sustenta que o método sistemático não prescinde do argumento teleológico. Engisch (1983:141), por sua vez, considera que a interpretação sistemática já é, em larga medida, teleológica. Tipke[224] incorpora a finalidade ao sistema, não fazendo mais distinção entre os referidos métodos.

A interpretação conforme a Constituição não deixa de ser um mecanismo inerente ao método sistemático e à unidade

---

[223] Assim entendeu o Plenário do STF no julgamento do RE nº 138.284-8/CE, Rel. Min. Carlos Velloso, *DJU*, 28 ago. 1992.
[224] Apud Torres, 2000d:211.

da ordem jurídica,[225] uma vez que, entre duas interpretações extraídas do sentido literal possível da norma, o hermeneuta deve optar por aquela que se coadune com os dispositivos contidos no texto constitucional. Desse modo, são ilegítimas interpretações conforme a Constituição que extrapolem as opções oferecidas pela letra da lei, criando um comando normativo que, embora seja compatível com o texto maior, não se pode extrair do sentido literal possível da lei.[226]

O método histórico

O método histórico revela-se pela pesquisa da origem e desenvolvimento das normas, a partir do estudo do ambiente histórico e da intenção reguladora que informaram o processo de elaboração da lei. Para tal desiderato, o aplicador do direito lança mão dos trabalhos preparatórios da promulgação do texto, examinando documentos legislativos, anteprojetos, trabalhos de comissões parlamentares e pré-parlamentares, relatórios e votos dos legisladores, exposições de motivos etc., bem como o ambiente social que exigiu a promulgação daquela norma, a fim de penetrar no espírito do legislador.[227]

A utilização do método histórico revela-se útil na pesquisa do sentido da lei, quando os métodos literal e lógico-sistemático não oferecerem um resultado seguro para o esforço hermenêutico, a fim de captar, a partir das ideias dominantes no momento em que a lei foi elaborada, a vontade do legislador.

No entanto, como observa Ferrara (1987:146), os trabalhos preparatórios muitas vezes contêm uma falsa justificação quanto aos motivos que levaram o parlamentar a optar por determinada

---

[225] Engisch, 1983:147.
[226] Ibid., p. 157, nota 10.
[227] Ibid., p. 143.

solução legislativa, não podendo, dessa forma, constituírem-se nos únicos meios para se pesquisar a vontade do legislador.

Por essa razão, a interpretação histórica deve se basear, como adverte Larenz (1997:464), mais na intenção reguladora imanente à norma do que nas ideias normativas das pessoas que participaram da formulação do seu texto. É que, ao contrário do que ocorria no absolutismo, quando a lei era emanada da vontade do rei, é impossível, no estado de direito, cujo ordenamento é obra de uma pluralidade de pessoas reunidas no Parlamento, pesquisar a verdadeira intenção de seus autores.

Modernamente, prevalece a corrente unificadora ou mista, defendida por Larenz (1997:446), Engisch (1983:177), e Betti (1997:449), segundo a qual, embora a interpretação deva levar em consideração o sentido que a lei tem hoje — uma vez que esta só irradia plenamente sua ação normativa diante do fato concreto, afastando-se, com o tempo, das ideias de seus autores e atingindo fatos por esses não conhecidos —, não se podem desconsiderar a intenção reguladora e a valoração promovida pelo legislador histórico, em respeito à vinculação do intérprete à norma.[228]

No entanto, dentro do sentido literal possível oferecido pelo texto histórico, ou seja, dentro das várias possibilidades extraídas do texto legal, deve o intérprete escolher, a partir do exame das opções e valorações feitas pelo legislador, quais as soluções adequadas para a resolução dos casos que ora se apresentam, a fim de que sejam atendidas, de acordo com o critério teleológico e com o novo contexto normativo, as demandas da nova realidade social.

Exemplo de utilização da interpretação histórica no direito tributário é o caso do IPVA sobre aeronaves[229] e embarcações.[230]

---

[228] Larenz, 1997:446.
[229] STF. RE 255.111. Pleno. Rel. Ministro Marco Aurélio. *DJ*, 13 dez. 2002.
[230] STF. RE 134.509. Pleno. Rel. Ministro Marco Aurélio. *DJ*, 13 set. 2002.

O centro da questão era se aeronaves e embarcações se enquadrariam na expressão "veículo automotor" e, consequentemente, se sobre elas incidiria o IPVA.

Não obstante ter o relator dos recursos, ministro Marco Aurélio, opinado pela interpretação literal da expressão, o ministro Francisco Rezek ressaltou que, pela interpretação histórica, "o IPVA sucedeu (em 1985, com a entrada em vigor da EC 27) a taxa rodoviária única, cobrada tão somente dos automóveis e demais veículos de trânsito terrestre, não havendo nada nos trabalhos preparatórios da EC 27 que indicasse que o novo imposto se dirigia a um campo muito maior de incidência".[231] Ademais, ressaltou o ministro que aeronaves e embarcações são vinculadas não aos estados ou municípios, e sim a órgãos de controle federais. Nesse sentido também se manifestou o ministro Sepúlveda Pertence, quando chamou a atenção para parecer da Procuradoria Federal, segundo o qual a cobrança de IPVA de aeronaves e embarcações causaria conflitos federativos, eis que os estados-membros não têm ingerência sobre a disciplina do tráfego aéreo ou marítimo, sendo os votos dos ministros Rezek e Sepúlveda Pertence acompanhados pelos dos demais ministros do Pleno.[232]

O método teleológico

A interpretação teleológica vai buscar os fins e os objetivos da norma. Sendo o ordenamento legal um instrumento a regular as relações entre as pessoas em sociedade, é natural pesquisar-se o elemento finalístico a ser atingido.

Por isso, entre as possibilidades oferecidas pelo sentido literal possível e o contexto significativo da norma, o intérprete

---

[231] Godoi, 2006:12-13.
[232] Ibid.

deve buscar como resultado aquele que melhor se coadune com uma regulação materialmente adequada ao caso concreto, obtida com base nos fins objetivos do direito, como a "manutenção da paz social e a justa resolução dos litígios, o equilíbrio de uma regulação no sentido da consideração otimizada dos interesses que se encontram em jogo, a proteção dos bens jurídicos e um procedimento judicial justo".[233]

De acordo com a metodologia proposta por Larenz,[234] que resgatou o elemento teleológico dos exageros perpetrados pela jurisprudência dos interesses, o método em estudo se baseia em dois pilares: o das estruturas materiais oferecidas pelo domínio da norma; e o dos princípios ético-jurídicos. Larenz os chama de critérios teleológico-objetivos, porque independem da consciência que o legislador histórico teve de sua existência, por ocasião da elaboração da norma.

O domínio da norma, segundo Müller,[235] representa o segmento da realidade social que a norma escolheu como seu âmbito de regulação. Suas estruturas materiais são constituídas pelos dados factuais que o legislador não pode alterar e que ele toma em consideração para empreender qualquer regulação. São critérios objetivos de interpretação que, em ampla medida, coincidem com a natureza das coisas.[236]

De acordo com Ferrara (1987:141), a natureza das coisas é representada pelas exigências econômicas e sociais que brotam das relações que a lei pretende regular. Segundo Larenz (1997:594), a natureza das coisas se manifesta por "dados

---

[233] Larenz, 1997:469.
[234] Ibid.
[235] Apud Larenz, 1997:470.
[236] Não nos parecem relevantes para o objeto deste estudo as pequenas distinções propostas por Larenz entre os conceitos de *natureza das coisas* (elemento normativo extraído do próprio ser) e de *estruturas materiais do domínio da norma* (elementos exteriores à coisa). Para o estudo de tal distinção, remetemos o leitor para a obra de Larenz (1997:471).

fundamentais pertencentes à natureza corpórea ou à natureza anímica e espiritual do homem, que não são mutáveis, ou o são dificilmente e em períodos mais longos" e que vinculam o legislador, que dela só pode se afastar de forma inequívoca e desde que não leve a um resultado manifestamente absurdo.

A especial tutela que o direito penal e o direito civil dão à criança e ao adolescente constitui um exemplo[237] de como a natureza das coisas não pode ser alterada pela vontade do legislador. É claro que o legislador pode escolher a idade em que se dará a maioridade. No entanto, não se pode estatuir que a capacidade civil de celebrar negócios jurídicos se dá desde o nascimento, ou se propor a extinção da inimputabilidade penal dos infantes.

Por outro lado, numa jurisprudência informada pelos valores, os princípios ético-jurídicos antecedem a qualquer regulação; é o que ocorre, em especial, com a ideia de justiça, informada pelo valor da igualdade. A adoção de diferentes tratamentos pelo legislador para situações que devem ser valoradas em igual medida constitui uma contradição valorativa violadora do princípio da isonomia.[238] Evitá-la é obrigação não apenas do legislador, como também do intérprete, que, dentro do sentido literal possível e do conteúdo normativo, deve optar pela solução que não resulte em contradição valorativa, muito embora isso nem sempre seja possível.[239]

Como observa Larenz, as contradições valorativas não podem ser eliminadas totalmente, mas de modo aproximativo. Para evitá-las, deve o intérprete se socorrer dos princípios ético-jurídicos, sendo necessário examinar até que ponto a regulação legal deixa espaço a um ou outro princípio.[240]

---

[237] Apud Larenz, 1997:595.
[238] Canaris, 1996:207.
[239] Larenz, 1997:472.
[240] Ibid., p. 475.

Exemplo de contradição valorativa no direito tributário nos é dado por Pires (1999:58-59). O autor alude ao caso do imposto de renda, tributo que a Constituição Federal, atendendo aos princípios da capacidade contributiva e da igualdade, determina que seja informado pelos subprincípios da generalidade, da universalidade e da progressividade, além da personalização, prevista no art. 145, §1º. No entanto, a Lei nº 7.713/88 reduziu as antigas 10 faixas de alíquota para apenas duas, e uma de isenção.

Suprimiu ainda o diploma legal em comento a possibilidade de dedução de várias despesas necessárias à manutenção da fonte, como as de habitação e de aquisição de livros técnicos, e promoveu a redução dos limites relativos a dependentes e gastos com instrução. Ora, leis desse tipo fazem tábula rasa dos princípios e valores constitucionais, levando a contradições axiológicas violadoras da justiça e igualdade tributárias, mas que o Estado brasileiro procura justificar em nome de uma discutível praticidade administrativa.

É que, como bem ressalta Tipke (1999:65), a parte da renda que inevitavelmente deve ser gasta com finalidades profissionais ou empresariais não está disponível para o pagamento de imposto, assim como também não está a renda necessária para a manutenção do contribuinte e de seus familiares. Em consequência, não pode a empresa, segundo o festejado tributarista alemão, ser tributada além do seu lucro, pois tal exação contrariaria sua capacidade contributiva. Observa-se que, no Brasil, desde há muito a legislação tem descurado de tais princípios, produzindo normas tributárias que superam a capacidade econômica dos cidadãos.

Pode-se observar um rico debate acerca da interpretação teleológica nos autos do RE nº 198.088/SP. O aludido recurso foi interposto pela companhia Agrícola e Industrial Santa Adelaide contra acórdão que reconheceu a legitimidade da exigência, pelo estado de São Paulo, a empresa nele estabelecida, de ICMS sobre lubrificantes e outros derivados de petróleo por ela adquiridos no estado do Rio de Janeiro, na qualidade de consumidora final. Sustenta a recorrente haver a referida decisão interpretado de forma distorcida a norma do §2º, inc. X, letra *b* do artigo 155 da Constituição Federal (...).[241]

No debate ocorrido acerca do método de interpretação a ser utilizado destacamos o argumento do ministro Sepúlveda Pertence, que utilizou o método teleológico de interpretação para a expressão "operações destinadas a outros estados", constante no art. 155, §2º, X, b, da CR/88. O aludido artigo dispõe que o ICMS não incidirá "sobre operações que destinem a outros estados petróleo, inclusive lubrificantes, combustíveis líquidos e gasosos dele derivados, e energia elétrica".

Para o ministro e para a maioria do Tribunal Pleno, caso prevalecesse a interpretação gramatical, no aludido caso, "as distorções mercadológicas seriam gritantes, pois os consumidores iriam sempre preferir adquirir combustíveis e derivados em estados vizinhos".[242] Dessa forma, através da interpretação teleológica, foi mantida a decisão recorrida e legítima a tributação efetuada pelo estado de São Paulo.

A interpretação no direito tributário

No direito tributário, em que, como vimos, não há interpretação de acordo com uma metodologia especial, vários autores têm defendido a pluralidade metodológica aqui e alhures.

---

[241] STF. RE nº 198.088/SP. Pleno. Rel. Ministro Ilmar Galvão, j. 17.05.2000, *DJ*, 24 maio 2000, trecho do relatório, fls. 619.
[242] Godoi, 2006:15.

Na Espanha, Perez de Ayala (1968:109) a defende e indica uma ordem segundo a qual os métodos devem ser utilizados.[243] Entre nós, Torres sustenta tal pluralidade como uma consequência da adoção das ideias concebidas pelos juristas ligados à jurisprudência dos valores:

> O que se observa é a pluralidade e a equivalência, sendo os métodos aplicados de acordo com o caso e com os valores ínsitos na norma: ora se recorre ao método sistemático, ora ao teleológico, ora ao histórico, até porque não são contraditórios, mas se complementam e intercomunicam.[244]

Restando evidenciado que o processo de interpretação da lei tributária vai seguir os mesmos passos trilhados na teoria geral do direito, é inevitável reconhecer que os métodos de interpretação são concebidos a partir de uma visão pluralista, não havendo que se cogitar uma hierarquia entre eles, que têm igual peso, "variando a sua importância de acordo com o caso e com as valorações jurídicas na época da aplicação".[245]

No entanto, e a despeito da ausência de especificidade em relação à interpretação no direito tributário, não se deve olvidar que os fins almejados pela lei fiscal, a serem perquiridos em atendimento ao aspecto teleológico da interpretação, levam a uma consideração econômica do fato gerador, conforme reconhecido por Engisch (1983:156), desde que sejam descontados os excessos praticados pelas escolas causalistas dominantes na era da jurisprudência dos interesses.

---

[243] O mestre espanhol sustenta que em primeiro lugar deve ser utilizado o método literal. No entanto, defende, ainda que o sentido literal seja claro, a necessidade de, em momento posterior, lançar-se mão do método lógico. Após a utilização desses dois primeiros, deve o aplicador usar os métodos teleológico e histórico.
[244] Torres, 2000d:206.
[245] Ibid.

A consideração econômica como reflexo do método teleológico do direito tributário

A metodologia jurídica de Larenz resgatou o aspecto teleológico da atividade hermenêutica, fundamentando o referido método nas estruturas materiais do domínio da norma e nos princípios ético-jurídicos. Tais elementos, que são eminentemente valorativos, vão se revelar, no direito tributário, pelo exame do conteúdo econômico não apenas dos conceitos utilizados pelo legislador, mas também dos fatos tributários previstos na norma.[246]

Esse exame não vai resultar necessariamente na atribuição de um sentido tributário diverso para os conceitos adotados pela lei civil na definição dos fatos jurídicos tributados, como propunham os causalistas. Deverá, partindo do processo hermenêutico comum a todos os ramos do direito, buscar, diante da ausência de univocidade da linguagem jurídica e dentro do sentido literal possível da norma, a finalidade da lei tributária, sempre — embora quase nunca com exclusividade — vinculada à repartição da carga tributária, de acordo com a capacidade contributiva de cada um.

A partir do sentido literal possível das palavras utilizadas pelo legislador é que podemos pesquisar a influência das acepções já utilizadas pelo direito civil e que são encontradas na legislação tributária. Assim, Beisse, com base na metodologia de Larenz e nas decisões do Tribunal Federal de Finanças da Alemanha, estabeleceu uma sistemática cuja aplicabilidade traz benefícios ao tema da relação do direito tributário com o direito civil não só para aquele país, mas também para outros sistemas jurídicos, como o nosso, a despeito das inócuas regras do CTN

---

[246] Beisse, 1984:6.

brasileiro. Assim, segundo Beisse, a interpretação dos conceitos de direito tributário segue três princípios:

- conceitos econômicos de direito tributário criados pelo legislador tributário, ou por ele convertidos para os seus objetivos, devem ser interpretados segundo critério econômico. É exemplo dessa modalidade, em nossa legislação pátria, a expressão *renda e proventos de qualquer natureza*, que não é encontrada no direito civil, sendo inteiramente delineada pelo legislador tributário na Constituição Federal, no CTN e na legislação ordinária;
- conceitos de direito civil devem ser interpretados, dentro do sentido literal possível, economicamente, quando o objetivo da lei tributária impõe, de forma objetivamente justificada, um desvio do conteúdo do conceito de direito privado em nome do princípio da igualdade, que poderia ser violado por meio de uma interpretação civilística da expressão legal. Serve mais uma vez como exemplo a expressão *empregadores* — contida no art. 195 da Constituição Federal, para definir os contribuintes das contribuições da seguridade social —, que não tem a concepção do direito do trabalho, abarcando empresas que não mantêm empregados próprios;[247]
- conceitos de direito civil devem ser interpretados de acordo com a definição contida na legislação civil, quando, conforme o sentido e o objetivo da lei tributária, se tem certeza de que o legislador cogitou exatamente do conceito de direito privado. Da mesma forma, quando o sentido literal possível da norma tributária não confere outra possibilidade senão aquela oferecida pela lei civil. A definição do fato gerador do ITR constitui exemplo bem ilustrativo dessa categoria

---

[247] No sentido do texto, foi a interpretação autêntica do dispositivo pela EC nº 20/98, que equiparou aos empregadores as empresas e entidades assemelhadas.

jurídica. De fato, do próprio texto da lei extrai-se que será tributada a propriedade imóvel por natureza, conforme definida na lei civil.[248]

Torres (2000d:206), em lição que não discrepa da sistemática de Beisse, sustenta que a interpretação será mais ou menos vinculada ao critério econômico, de acordo com o tributo em exame. Assim, os impostos sobre a propriedade se baseiam numa interpretação que preserva os conceitos de direito privado; já os impostos sobre a renda e o consumo, por se constituírem de conceitos tecnológicos ou elaborados pelo próprio direito tributário, melhor se abrem à interpretação econômica.

A interpretação da lei tributária no Brasil

No Brasil, os problemas relativos à interpretação da lei tributária se devem em grande parte ao positivismo formalista de nossa doutrina, o qual acabou por influenciar nossa legislação, em especial o CTN, que, no capítulo relativo à interpretação da lei tributária, cria regras que se chocam, determinando a adoção de métodos hermenêuticos apriorísticos. E o que é pior: métodos inteiramente contraditórios, reivindicados tanto pelos formalistas, defensores de uma interpretação civilística, como pelos seguidores da teoria da interpretação econômica do fato gerador, como apontado por Torres.[249]

De fato, a primeira parte do art. 109 do CTN parece optar por uma interpretação civilística, ao determinar que os princí-

---

[248] Art. 29 do Código Tributário Nacional.
[249] Segundo Torres (2000d:188), "o art. 109 do CTN é ambíguo e contraditório, pois pretende hierarquizar métodos de interpretação de igual peso, sem optar com clareza pelo sistemático ou pelo teleológico. Demais disso, mistura posições teóricas divergentes, se filia a correntes doutrinárias conflitantes e embaralha as consequências das opções metodológicas, confundindo as relações entre o direito tributário e o privado e entre diversas fontes do direito".

pios gerais do direito privado são utilizados para a pesquisa da definição, do conteúdo e do alcance de seus institutos, conceitos e formas. Entretanto, o dispositivo sugere conclusão diversa, que acena para o critério econômico, ao estabelecer que os efeitos tributários de tais institutos podem ser definidos pela lei tributária.

Qualquer conclusão fica ainda mais tormentosa se interpretarmos a referida norma juntamente com o art. 110 do CTN, segundo o qual a lei tributária não pode alterar a definição, o conteúdo e o alcance de institutos, conceitos e formas de direito privado utilizados, expressa ou implicitamente, pelas constituições federal e dos estados e pelas leis orgânicas do Distrito Federal e dos municípios para definir ou limitar competências tributárias. Assim, num primeiro momento, a norma parece optar pela orientação civilista. Mas, limitando sua disciplina aos conceitos constitucionais, não estaria o art. 110 autorizando o critério econômico para os demais casos? A resposta é complicada. Os dois artigos são dúbios, contraditórios e inúteis, na medida em que nada contribuem para o intérprete da lei tributária.[250]

Entretanto, insta transcrever decisão proferida pelo Supremo Tribunal Federal, que decretou a inconstitucionalidade do §1º do art. 3º da Lei nº 9.718/98:

> Constitucionalidade superveniente — Artigo 3º, §1º, da Lei nº 9.718, de 27 de novembro de 1998 — Emenda Constitucional nº 20, de 15 de dezembro de 1998. O sistema jurídico brasileiro não contempla a figura da constitucionalidade superveniente. Tributário — Institutos — Expressões e vocábulos — Sentido. A norma pedagógica do artigo 110 do Código Tributário

---

[250] Torres, 2000d:197.

Nacional ressalta a impossibilidade de a lei tributária alterar a definição, o conteúdo e o alcance de consagrados institutos, conceitos e formas de direito privado utilizados expressa ou implicitamente. Sobrepõe-se ao aspecto formal o princípio da realidade, considerados os elementos tributários. Contribuição social — PIS — Receita bruta — Noção — Inconstitucionalidade do §1º do artigo 3º da Lei nº 9.718/98. A jurisprudência do Supremo, ante a redação do artigo 195 da carta federal anterior à Emenda Constitucional nº 20/98, consolidou-se no sentido de tomar as expressões receita bruta e faturamento como sinônimas, jungindo-as à venda de mercadorias, de serviços ou de mercadorias e serviços. É inconstitucional o §1º do artigo 3º da Lei nº 9.718/98, no que ampliou o conceito de receita bruta para envolver a totalidade das receitas auferidas por pessoas jurídicas, independentemente da atividade por elas desenvolvida e da classificação contábil adotada.[251]

Por sua vez, o art. 118 esvazia a possibilidade de uma interpretação civilística ao desconsiderar, na interpretação do fato gerador, a validade jurídica dos atos efetivamente praticados e de seus efeitos efetivamente ocorridos. O dispositivo revela-se dispensável, como quase todas as normas interpretativas, uma vez que a consideração econômica deriva dos princípios ético-jurídicos e da natureza dos atos econômicos praticados pelo contribuinte.

Se o citado artigo tem um mérito é o de desautorizar a teoria, dominante entre a nossa doutrina positivista, de prevalência da forma jurídica sobre a essência econômica do fato jurídico escolhido pelo legislador como hipótese de incidência tributária.

---

[251] RE nº 346084/PR, Pleno. Rel. Min. Ilmar Galvão. Rel. p/ Acórdão: Min. Marco Aurélio, j. 09.11.2005, *DJ*, 1 set. 2006.

Porém, deve ser evitado o entendimento, que poderia brotar do exame exclusivamente literal do dispositivo em comento, segundo o qual a ocorrência do fato gerador não depende da eficácia do negócio jurídico (resultados efetivamente ocorridos). Se a forma jurídica não é relevante, a ponto de ser tributável o ato ilícito ou inválido, do ponto de vista do direito civil ou comercial, o mesmo não se pode dizer do ato ineficaz.

É que a ineficácia do ato não se prende necessariamente à sua invalidade ou ilicitude, uma vez que a produção de efeitos poderá se dar a despeito de sua irregularidade jurídica, devendo ser tributado, na forma do art. 108, já que ocorrido o fato gerador. No entanto, se a invalidade do ato evita a sua produção de efeitos no mundo fático, não ocorre o fato gerador, inexistindo capacidade contributiva a ser tributada.

Como bem observa Torres (2000d:270), a disciplina do art. 118 do CTN é despicienda, já que a solução por ele proposta deriva dos próprios princípios da legalidade e da capacidade contributiva.

No entanto, como a atividade hermenêutica — atividade do espírito humano que é — não se vincula a regras interpretativas, há quase consenso nos meios jurídicos tributários quanto à inserção da norma fiscal no ordenamento jurídico geral e, em consequência, quanto à necessidade de superação de uma forma peculiar de interpretar a lei tributária, a despeito das regras interpretativas previstas no CTN.

O passo seguinte será, portanto, a consolidação, entre os operadores e estudiosos do direito tributário brasileiro, de uma tendência, ainda muito incipiente neste início de século XXI, valorizadora do tema da justiça para a defesa do direito do contribuinte, não só numa perspectiva individual, mas principalmente com vistas à criação de um sistema tributário nacional efetivamente justo.

Reflexo dessa tendência, empurrada pelo princípio da transparência, é a adoção em nosso país de medidas já consagradas em várias nações, como as cláusulas antielisivas, a flexibilização do sigilo bancário e o fortalecimento dos direitos dos contribuintes como contrapartida às novas armas obtidas pela administração tributária.[252]

A partir do elemento lógico-sistemático, torna-se fácil compreender que o fato gerador da lei tributária, fixado em lei ordinária,[253] deve se adequar ao dispositivo constitucional que confere competência a União, estados, Distrito Federal e municípios para instituir tributos, e à lei de normas gerais de direito tributário (CTN), bem como, em relação aos impostos, à lei complementar definidora do fato gerador, da base de cálculo e dos contribuintes.[254]

Aqui, sim, temos uma peculiaridade brasileira que, embora esteja longe de ter os efeitos apontados pelos formalistas, deriva de uma repartição constitucional de competências tributárias bastante detalhada[255] e da figura uniformizadora da lei complementar.[256]

Se essas singularidades não impõem uma tipicidade fechada ou um maior peso à segurança jurídica, em sua ponderação com a justiça, ao menos recomendam ao aplicador maior cautela no manejo do método lógico-sistemático, a fim de interpretar o fato gerador do imposto de acordo não só com a lei complementar definidora do fato gerador, da base de cálculo e dos contribuintes, mas também com o dispositivo constitucional definidor da competência tributária.

---

[252] Torres, 2001b:7.
[253] Salvo nos casos de empréstimo compulsório (art. 148, CF), de imposto sobre grandes fortunas (art. 153, VI, CF) e de tributos residuais (art. 154, I, e art. 195, §4º, CF), em que, sendo a lei de incidência uma lei complementar, esta é que deverá definir o fato gerador.
[254] Art. 146, III, a, da Constituição Federal.
[255] No direito comparado, só a Constituição alemã apresenta uma repartição constitucional de competências entre os entes da federação semelhante, embora não tão detalhada como a nossa.
[256] Espécie normativa só encontrada no Brasil.

Integração da Legislação Tributária

A interpretação sempre pressupõe a existência de norma jurídica a ser analisada. Na verdade, somente se interpreta o que existe para ser interpretado. Todavia, é comum a necessidade de se decidir sobre casos para os quais inexiste previsão legal específica. Daí dizer-se que existem lacunas na lei (ressalve-se que parte da doutrina entende que inexiste lacuna na lei).

Contudo, se a lei tem lacunas, o ordenamento jurídico não as tem. Por isso, o art. 4º da Lei de Introdução ao Código Civil estabelece que, "quando a lei for omissa, o juiz decidirá o caso de acordo com a analogia, os costumes e os princípios gerais do direito", consagrando o princípio da inafastabilidade da jurisdição

A esse sistema de apreciar e revestir de juridicidade os casos que não estão expressamente previstos em lei chama-se integração.

O CTN estabelece que, na ausência de disposição expressa, a autoridade competente para aplicar a legislação tributária utilizará, sucessivamente, na ordem indicada, a analogia, os princípios gerais de direito tributário, os princípios gerais de direito público e a equidade (art. 108).

Parte da doutrina critica esse dispositivo por entender que a ordem estabelecida no artigo não obriga o intérprete por não ser ela obrigatória, mas meramente exemplificativa, sob o fundamento de que os princípios se sobrepõem às próprias leis e muito mais à analogia, não podendo admitir-se, portanto, que esta venha em primeiro lugar do que aqueles.

Analogia

Quando falta disposição expressa, a autoridade deverá buscar no ordenamento jurídico norma que discipline matéria semelhante, de modo que a razão da disciplina expressa nessa matéria possa aplicar-se àquela: havendo a mesma razão, há de haver a mesma solução. Isso é analogia.

Assim, por exemplo, no caso da restituição do imposto pago indevidamente: há previsão expressa de correção monetária dos débitos fiscais, mas, em determinados casos, não havia autorização legal para a correção do tributo na "repetição do indébito" (devolução do indevido). O Supremo Tribunal Federal, empregando a analogia, entendeu devida a correção monetária também nessa última hipótese, pontificando não haver nisso ofensa ao art. 167 do CTN, mas exata aplicação dele, bem como do art. 108 do CTN, que prevê o emprego da analogia.[257]

Entretanto, o próprio CTN, no seu art. 108, §1º, veda que por meio do emprego da analogia resulte exigência de tributo não previsto em lei. Deve-se observar, todavia, que por decorrência do princípio da legalidade igualmente não poderá ser utilizada a analogia para criar outras obrigações que não se encontrem expressas na lei, sob pena de criar incerteza e insegurança jurídicas.

Para se ter uma ideia da utilização prática da analogia pelo Superior Tribunal de Justiça, transcrevem-se, a seguir, notícias apresentadas nos informativos nos 351 e 352 do aludido tribunal acerca da utilização de analogia em decisões judiciais:

> A Seção, por maioria, pacificou seu entendimento, antes divergente entre a Primeira e a Segunda Turma, no sentido de ser devida a cobrança das empresas de seguro referente à contribuição previdenciária incidente sobre o valor da comissão que as seguradoras pagam aos corretores por prestarem serviços de intermediação no contrato de seguro, independentemente de existir ou não contrato de trabalho vinculando o corretor

---

[257] RE nº 75.239, RTJ 75/482 e os acórdãos nele citados.

àquelas empresas, tendo em vista o disposto na LC nº 84/96, que exige o recolhimento da exação sobre a remuneração dos trabalhadores autônomos. A tese vencida defendia que não seria possível estabelecer uma exação por interpretação analógica da lei, uma vez que cabe apenas ao legislador definir o tributo. Precedentes citados: REsp 600.215-RJ, DJ 1º/8/2006, e REsp 413.825-PR, DJ 30/8/2007. REsp 519.260-RJ, Rel. Min. Herman Benjamin, julgado em 9/4/2008.

Discute-se a possibilidade de o juiz extinguir o executivo fiscal liminarmente, sem ouvir o exequente e sem citar o executado, sob o fundamento de que os créditos tributários (IPTU) já se encontravam prescritos, sendo, portanto, inexigíveis. Note-se que o Tribunal *a quo* confirmou a decisão do juiz. Observa o min. relator que, para a jurisprudência deste Superior Tribunal, era defeso ao juízo decretar de ofício a consumação da prescrição em se tratando de direitos patrimoniais (art. 219, §5º, do CPC). Porém a Lei nº 11.051/2004 acrescentou ao art. 40 da Lei de Execuções Fiscais o §4º, possibilitando ao juízo da execução decretar de ofício a prescrição intercorrente, desde que ouvida a Fazenda Pública e, como norma de natureza processual, sua aplicação é imediata, até em processos em curso. Isso posto, explica o min. relator que, no caso, a hipótese é diversa por não se tratar de prescrição intercorrente, mas também cabe ao juiz de execução decidir por analogia, na hipótese dos autos, em que a certidão da dívida ativa (CDA) carece do requisito da exigibilidade por já estarem prescritos os créditos fiscais antes do ajuizamento da ação; esse fato autoriza o magistrado a extinguir o processo *in limine*, nos termos do art. 269, IV, do CPC. Dessa forma, falta ao título executivo a condição específica ao exercício do direito da ação executiva fiscal; afigura-se, portanto, inócua a oitiva do exequente, por consubstanciar matéria exclusivamente de direito, insuscetível de saneamento por parte da Fazenda municipal. Com esse entendimento, a

Turma negou provimento ao recurso. REsp 987.257-RJ, Rel. Min. Luiz Fux, julgado em 15/4/2008.

Questões de automonitoramento

1. Após ler este capítulo, você é capaz de resumir o caso gerador, identificando as partes envolvidas, os problemas atinentes e as possíveis soluções cabíveis?
2. Diferencie os métodos de interpretação e integração das normas do direito tributário.
3. Pense e descreva, mentalmente, outras alternativas para a solução do caso gerador.

Conclusão

À medida que a consciência jurídica da sociedade evolui e os cidadãos ampliam seu acesso à Justiça, seja através do Poder Judiciário, seja por meios alternativos de solução de conflitos, cresce a importância do estudo do direito.

O direito constitui-se num dos elementos de transformação modernizadora das sociedades tradicionais, principalmente nos países em desenvolvimento. Evidencia-se, a cada dia, que o sistema tributário não pode ser insensível ao que ocorre no sistema econômico e que o direito tem papel relevante na organização da sociedade.

O objetivo deste livro foi desenvolver discussões e estudos sobre os fundamentos do direito tributário e suas diversas implicações, para se poder melhor refletir sobre os passos necessários para o constante aperfeiçoamento do sistema tributário nacional.

O estabelecimento de um sistema legal que funcione adequadamente é condição essencial para um bom nível de crescimento do país, seja em termos econômicos, seja em relação as suas instituições.

Nossa intenção é contribuir com o fomento a estudos específicos e aprofundados sobre o tema, tarefas que devem ser cada vez mais estimuladas no país, considerando que uma justiça mais eficiente também acarretará um direito mais efetivo.

Referências

AMARO, Luciano. *Direito tributário brasileiro*. 2. ed. São Paulo: Saraiva, 1998.

_____. *Direito tributário brasileiro*. 9. ed. São Paulo: Saraiva, 2003.

_____. *Direito tributário brasileiro*. 12. ed. São Paulo: Saraiva, 2006.

_____. *Direito tributário brasileiro*. 13. ed. São Paulo: Saraiva, 2007.

ARAGÃO, Alexandre Santos de. Princípio da legalidade e poder regulamentar no Estado contemporâneo. *Revista de Direito da Procuradoria-Geral do Estado do Rio de Janeiro*, n. 53, p. 37-60, 2000.

ASCENSÃO, José de Oliveira. *O direito*: introdução e teoria geral — uma perspectiva luso-brasileira. 2. ed. Rio de Janeiro: Renovar, 2001.

ATALIBA, Geraldo. Considerações em torno da teoria jurídica da taxa. *Revista de Direito Público*, São Paulo, n. 9, p. 43-54, jul./set.1969.

_____. *Hipótese de incidência tributária*. São Paulo: Revista dos Tribunais, 1973.

_____. Pedágio federal (inconstitucionalidade da Lei 8.155/90, que quis criar imposto sobre a venda de combustível). *Revista de Direito Tributário*, São Paulo, v. 14, n. 54, p. 164-172, out./dez. 1990.

ÁVILA, Humberto. Argumentação jurídica e a imunidade do livro eletrônico. *Revista Diálogo Jurídico*, v. 1, n. 5, ago. 2001. Disponível em: <www.direitopublico.com.br>. Acesso em: 7 mar. 2007.

BALEEIRO, Aliomar. *Direito tributário brasileiro*. 4. ed. Rio de Janeiro: Forense, 1972.

_____. *Uma introdução à ciência das finanças*. 14. ed. Rio de Janeiro: Forense, 1984.

_____. *Limitações constitucionais ao poder de tributar*. 7. ed. Rio de Janeiro: Forense, 1997.

_____. *Direito tributário brasileiro*. 11. ed. Rio de Janeiro: Forense, 2000.

_____. *Limitações constitucionais ao poder de tributar*. 17. ed. Rio de Janeiro: Forense, 2001.

BARROSO, Luiz Roberto. *Interpretação e aplicação da Constituição*. São Paulo: Saraiva, 1996.

BASTOS, Celso Ribeiro. *Curso de direito financeiro e de direito tributário*. Saraiva: São Paulo, 1991.

BECKER, Alfredo Augusto. *Teoria geral do direito tributário*. 2. ed. São Paulo: Saraiva, 1972.

BEISSE, Heinrich. O critério econômico na interpretação das leis tributárias segundo a mais recente jurisprudência alemã. In: MACHADO, Brandão (Org.). *Estudos em homenagem ao prof. Ruy Barbosa Nogueira*. São Paulo: Saraiva, 1984.

BERLIRI, Antonio. *Principi di diritto tributario*. Milano: Dott. A. Giuffré, 1952.

BETTI, Emilio. *Teoria generale della interpretazione*. Milano: Giuffrè, 1997.

BONAVIDES, Paulo. *Curso de direito constitucional*. 11. ed. São Paulo: Malheiros, 2001.

BORGES, José Souto Maior. *Isenções tributárias*. São Paulo: Sugestões Literárias, 1969.

_____. *Compêndio de legislação tributária*. São Paulo: Resenha Tributária, 1975.

BRITO, Edvaldo. Software: ICMS, ISS, ou imunidade tributária? *Revista Dialética de Direito Tributário*, São Paulo, n. 5, 1996.

CALVO ORTEGA, Rafael. *Curso de derecho financero I — derecho tributario (parte general)*. Madrid: Civitas, 2000.

CANARIS, Claus-Wilhelm. *Pensamento sistemático e conceito de sistema na ciência do direito*. Lisboa: Calouste Gulbenkian, 1996.

CARRAZZA, Roque Antonio. *Curso de direito constitucional tributário*. 9. ed. São Paulo: Malheiros, 1997a.

_____. Importação de bíblias em fitas — sua imunidade — exegese do art. 150, VI, d, da Constituição Federal. *Revista Dialética de Direito Tributário*, São Paulo, n. 26, 1997b.

_____. *Curso de direito constitucional tributário*. São Paulo: Malheiros, 2003.

CARRERA RAYA, Francisco José. *Manual de derecho financiero*. Madrid: Tecnos, 1993. v. 1.

CARVALHO, Paulo de Barros. *Curso de direito tributário*. 6. ed. São Paulo: Saraiva, 1993.

COÊLHO, Sacha Calmon Navarro. Classificação dos tributos. *Revista de Direito Tributário*, São Paulo, n. 47, 1989.

_____. *O controle da constitucionalidade das leis e do poder de tributar na Constituição de 1988*. Belo Horizonte: Del Rey, 1992.

_____. *Curso de direito tributário brasileiro*. Rio de Janeiro: Forense, 2006.

_____ et al. *Aliomar Baleeiro no Supremo Tribunal Federal*. Rio de Janeiro: Forense, 1987.

DERZI, Misabel de Abreu Machado. *Direito tributário, direito penal e tipo*. São Paulo: Revista dos Tribunais, 1988.

DÓRIA, Antonio Roberto Sampaio. *Da lei tributária no tempo*. São Paulo: Obelisco, 1968.

ENGISCH, Karl. *Introdução ao pensamento jurídico*. Lisboa: Fundação Calouste Gulbenkian, 1983.

_____. *Introdução ao pensamento jurídico*. 7. ed. Lisboa: Fundação Calouste Gulbenkian, 1996.

FALCÃO, Amílcar. *Introdução ao direito tributário*. Rio de Janeiro: Editora Rio, 1976.

_____. *Introdução ao direito tributário*. 3. ed. Rio de Janeiro: Forense, 1987.

_____. *Fato gerador da obrigação tributária*. 5. ed. Rio de Janeiro: Forense, 1994.

_____. *Fato gerador da obrigação tributária*. 6. ed. Rio de Janeiro: Forense, 2002.

FERRARA, Francesco. *Interpretação e aplicação das leis*. Coimbra: Armênio Amado, 1987.

FERRAZ JR., Tercio Sampaio. Livros eletrônicos e imunidade tributária. *Cadernos de Direito Tributário e Finanças Públicas*, São Paulo, n. 22, 1998.

FERREIRO LAPATZA, José Juan. *Curso de derecho financero español*. Barcelona: Marcial Pons, 1999. v. 1.

FRAGOSO, Heleno Cláudio. *Lições de direito penal* — a nova parte geral. Rio de Janeiro: Forense, 1986.

GADAMER, Hans-Georg. *Verdade e método* — traços fundamentais de uma hermenêutica filosófica. Petrópolis: Vozes, 1999.

GODOI, Marciano Seabra de. *Questões atuais do direito tributário na jurisprudência do STF*. São Paulo: Dialética, 2006.

GONZÁLEZ, Eusébio; LEJEUNE, Ernesto. *Derecho tributário I*. Salamanca: Plaza Universitaria, 2000.

GOUVÊA, Marcus de Freitas. *A extrafiscalidade no direito tributário*. Belo Horizonte: Del Rey, 2006.

HARADA, Kiyoshi. Contribuição para o custeio da iluminação pública. *Jus Navigandi*, v. 7, n. 65, maio 2003. Disponível em: <www1.jus.com.br/doutrina/texto.asp?id=4076>. Acesso em: 3 set. 2007.

HERRERA MOLINA, Pedro M. *Capacidad económica y sistema fiscal* — análisis del ordenamiento español a la luz del derecho alemán. Barcelona: Marcial Pons, 1998.

JARACH, Dino. *Finanzas públicas*. Buenos Aires: Cangallo, 1978.

_____. *Finanzas públicas y derecho tributario*. 3. ed. Buenos Aires: Abeledo-Perrot, 1996.

LARENZ, Karl. *Metodologia da ciência do direito*. 2. ed. Lisboa: Fundação Calouste Gulbenkian, 1989.

_____. *Metodologia da ciência do direito*. 3. ed. Lisboa: Fundação Calouste Gulbenkian, 1997.

LEHNER, Moris. Considerações econômicas e tributação conforme a capacidade contributiva. Sobre a possibilidade de uma interpretação teleológica de normas com finalidades arrecadatórias. In: SCHOUERI, Luiz Eduardo; ZILVETI, Fernando Aurélio (Orgs.). *Direito tributário*. Estudos em homenagem a Brandão Machado. São Paulo: Dialética, 1998.

MACHADO, Hugo de Brito. *Curso de direito tributário*. 13. ed. São Paulo: Malheiros, 1989.

_____. Não incidência, imunidades e isenções do ICMS. *Revista dos Tribunais*, São Paulo, v. 742, 1997.

_____. *Os princípios jurídicos da tributação na Constituição de 1988*. São Paulo: Dialética, 2001a.

_____. As taxas no direito brasileiro. *Interesse Público*, Sapucaia do Sul, n. 12, 2001b.

_____. *Curso de direito tributário.* 21. ed. São Paulo: Malheiros, 2002.

_____. *Curso de direito tributário.* 22. ed. São Paulo: Malheiros, 2003.

_____. *Curso de direito tributário.* 25. ed. São Paulo: Malheiros, 2004.

_____. *Curso de direito tributário.* 26. ed. São Paulo: Malheiros, 2005.

_____. *A contribuição de iluminação pública* — CIP. Disponível em: <www.hugomachado.adv.br/conteudo.asp?home=1&secao=2&situacao=2&doc_id=95>. Acesso em: 28 ago. 2007.

MARTINS, Ives Gandra da Silva. *Sistema tributário na Constituição de 1988.* São Paulo: Saraiva, 1990.

_____. Direitos fundamentais do contribuinte. In: MARTINS, Ives Gandra da Silva (Org.). *Direitos fundamentais do contribuinte.* Pesquisas tributárias — nova série — nº 6. São Paulo: Revista dos Tribunais, 2000. p. 45-81.

MAXIMILIANO, Carlos. *Hermenêutica e aplicação do direito.* Rio de Janeiro: Forense, 1991.

MELLO, Celso Antonio Bandeira de. *Elementos de direito administrativo.* São Paulo: Revista dos Tribunais, 1980.

MILL, John Stuart. *Princípios de economia política.* São Paulo: Abril, 1983.

MORAES, Bernardo Ribeiro de. *Compêndio de direito tributário.* 5. ed. Rio de Janeiro: Forense, 1996. v. 1.

_____. A imunidade tributária e seus novos aspectos. *Revista Dialética de Direito Tributário*, São Paulo, n. 34, 1998.

_____. *Compêndio de direito tributário*. 2. ed. Rio de Janeiro: Forense, 2002.

NABAIS, José Casalta. A face oculta dos direitos fundamentais: os deveres e os custos dos direitos. In: *Estudos em homenagem ao conselheiro José Manuel Cardoso da Costa*. Coimbra: Coimbra, 2003.

NOGUEIRA, Ruy Barbosa. *Curso de direito tributário*. São Paulo: Saraiva, 1993.

NOVELLI, Flavio Bauer. O princípio da anualidade tributária. *Revista Forense*, n. 267, p. 75-94, 1979.

_____. Anualidade e anterioridade da Constituição de 1988. *Revista de Direito Administrativo*, Rio de Janeiro, v. 179, n. 80, p. 19-50, jan./jun. 1990.

_____. Apontamentos sobre o conceito jurídico de taxa. *Revista de Direito Administrativo*, Rio de Janeiro, v. 189, jul./set. 1992.

_____. Norma constitucional inconstitucional? A propósito do art. 2º, §2º, da Emenda Constitucional nº 3/93. *Revista de Direito Administrativo*, Rio de Janeiro, v. 199, 1995.

OLIVEIRA, José Marcos Domingues. Espécies de tributos. *Revista de Direito Administrativo*, Rio de Janeiro, v. 183, 1991.

_____. *Direito tributário*: capacidade contributiva — conteúdo e eficácia do princípio. Rio de Janeiro: Renovar, 1998.

_____. *Direito tributário e meio ambiente* — proporcionalidade, tipicidade aberta e afetação de receita. Rio de Janeiro: Renovar, 1999.

OLIVEIRA, Regis Fernandes de. *Receitas públicas originárias*. São Paulo: Malheiros, 1994.

PAULSEN, Leandro. *Direito tributário*: Constituição e Código Tributário à luz da doutrina e da jurisprudência. Porto Alegre: Livraria do Advogado, 2007.

PEREZ DE AYALA, José Luís. *Derecho tributario*. Madrid: Derecho Financiero, 1968.

PÉREZ ROYO, Fernando. *Derecho financiero y tributario* — parte general. Madrid: Civitas, 2000.

PINTO, Olavo Bilac. Ementa e referenda dos atos legislativos — confisco e garantia do direito de propriedade — conceito de taxa e de imposto — princípios da anualidade, unidade e universalidade de orçamento — inconstitucionalidade do Decreto-Lei nº 8.946, de 1946. *Revista Forense*, v. 120. s.d.

PIRES, Adilson Rodrigues. *Manual de direito tributário*. Rio de Janeiro: Forense, 1997.

_____. *Contradições no direito tributário*. Rio de Janeiro: Forense, 1999.

RAWLS, John. *Uma teoria da justiça*. São Paulo: Martins Fontes, 1997.

RIBEIRO, Ricardo Lodi. Legalidade tributária. Tipicidade aberta. Conceitos indeterminados e cláusulas gerais tributárias. *Revista de Direito Administrativo*, Rio de Janeiro, n. 229, p. 313-333, 2002.

_____. *Justiça, interpretação e elisão tributária*. Rio de Janeiro: Lumen Juris, 2003.

_____. *Segurança jurídica do contribuinte* — legalidade, não surpresa e proteção à confiança legítima. Rio de Janeiro: Lumen Juris, 2008.

ROSA JÚNIOR, Luiz Emygdio F. da. *Manual de direito financeiro e tributário*. 16. ed. Rio de Janeiro: Renovar, 2001.

_____. *Manual de direito financeiro e direito tributário*. 18. ed. Rio de Janeiro: Renovar, 2005.

SANTOS, Sérgio Honorato dos. *Royalties do petróleo à luz do direito positivo*. Rio de Janeiro: Adcoas, 2001.

SARAIVA FILHO, Oswaldo Othon de Pontes. A não-extensão da imunidade aos chamados livros, jornais e periódicos eletrônicos. *Revista Dialética de Direito Tributário*, São Paulo, n. 33, 1998.

_____. A imunidade dos livros, periódicos e do papel destinado a sua impressão. *Cadernos de Direito Tributário e Finanças Públicas*, São Paulo, v. 7, n. 29, 1999.

SCHOUERI, Luiz Eduardo. *Normas tributárias indutoras e intervenção econômica*. Rio de Janeiro: Forense, 2005.

SEIXAS FILHO, Aurélio Pitanga. *Taxa doutrina, prática e jurisprudência*. Rio de Janeiro: Forense, 1990.

SILVA, José Afonso da. *Curso de direito constitucional positivo*. São Paulo: Malheiros, 1996.

SOBRINHO, José Wilson Ferreira. *Imunidade tributária*. Porto Alegre: Sérgio Antonio Fabris, 1996.

SOUSA, Rubens Gomes. *Compêndio de legislação tributária*. São Paulo: Resenha Tributária, 1975.

TELLES, Eduardo Maccari. *Capacidade contributiva e progressividade no IPTU*. Disponível em: <www.planalto.gov.br/ccivil_03/revista/Rev_42/Artigos/Art_eduardo.htm>. Acesso em: 3 nov. 2008.

TIPKE, Klaus. Princípio da igualdade e a ideia de sistema no direito tributário. In: MACHADO, Brandão (Org.). *Estudos em homenagem ao prof. Ruy Barbosa Nogueira*. São Paulo: Saraiva, 1984. p. 517-519.

_____. Sobre a unidade da ordem jurídica tributária. In: SCHOUERI, Luiz Eduardo; ZILVETI, Fernando Aurélio. *Direito tributário. Estudos em homenagem a* MACHADO, Brandão. São Paulo: Dialética, 1999.

TORRES, Ricardo Lobo. *A ideia de liberdade no Estado patrimonial e no Estado fiscal*. Rio de Janeiro: Renovar, 1991.

_____. *Os direitos humanos e a tributação*: imunidades e isonomia. Rio de Janeiro: Renovar, 1995.

_____. Imunidade tributária nos produtos de informática. In: SIMPÓSIO NACIONAL IOB DE DIREITO TRIBUTÁRIO, 5. *Anais...* São Paulo: IOB, 1996.

_____. *Tratado de direito constitucional financeiro e tributário*. Rio de Janeiro: Renovar, 1999. v. 3: Os direitos humanos e a tributação: imunidades e isonomia.

_____. Legalidade tributária e riscos sociais. *Revista de Direito da Procuradoria-Geral do Estado do Rio de Janeiro*, v. 53, p. 178-198, 2000a.

_____. *Tratado de direito constitucional financeiro e tributário*. 2. ed. Rio de Janeiro: Renovar, 2000b. v. 5: O orçamento na Constituição.

_____. Direitos fundamentais do contribuinte. In: MARTINS, Ives Gandra da Silva. *Direitos fundamentais do contribuinte*. Pesquisas tributárias — nova série — nº 6. São Paulo: Revista dos Tribunais, 2000c. p. 167-186.

_____. *Normas de interpretação e integração do direito tributário*. 3. ed. Rio de Janeiro: Renovar, 2000d.

_____. A chamada "interpretação econômica do direito tributário", a Lei Complementar 104 e os limites atuais do planejamento tributário. In: ROCHA, Valdir de Oliveira (Org.). *O planejamento tributário e a Lei Complementar 104*. São Paulo: Dialética. 2001a.

_____. Princípio da transparência fiscal. *Revista de Direito Tributário*, v. 79, p. 7-18, 2001b.

_____. *Curso de direito financeiro e tributário*. Rio de Janeiro: Renovar, 2003.

_____. *Curso de direito financeiro e tributário*. 11. ed. Rio de Janeiro: Renovar, 2004.

UCKMAR, Vitor. *Princípios comuns de direito constitucional tributário*. São Paulo: Malheiros, 1999.

VALDÉS COSTA, Ramón. *Instituciones de derecho tributario*. Buenos Aires: Depalma, 1996.

VANONI, Ézio. *Natureza e interpretação das leis tributárias*. Rio de Janeiro: Financeiras, 1952.

VILLEGAS, Hector. *Curso de direito tributário*. São Paulo: Revista dos Tribunais, 1980.

XAVIER. Alberto. *Os princípios da legalidade e da tipicidade da tributação*. São Paulo: Revista dos Tribunais, 1978.

Colaboradores

Andrea Veloso Correia

Procuradora do MRJ. Professora de direito tributário na pós-graduação da FGV-RJ, na Emerj, no Lincoln Institute e em cursos preparatórios para concursos públicos. Coautora do livro *Curso de direito tributário brasileiro*, no qual escreveu sobre os impostos municipais (IPTU/ISS/ITBI), tem artigos publicados em revistas especializadas.

Bianca Xavier

Coordenadora e professora dos cursos de direito tributário da FGV; professora dos cursos de pós-graduação da UFF e da Ucam, onde é mestranda em direito e desenvolvimento. Advogada da Siqueira Castro Advogados.

Doris Canen

Advogada, mestranda em direito econômico pela Ucam e membro do International Bar Association.

Eduardo Telles

Mestre em direito tributário pela Ucam. Procurador do estado do Rio de Janeiro e advogado do Escritório Tauil & Chequer, associado a Thompson & Knight LLP. Foi procurador do Instituto Nacional do Seguro Social (INSS), consultor jurídico externo do Instituto Brasileiro de Administração Municipal (Ibam) e representante da Fazenda no Conselho de Contribuintes do Estado do Rio de Janeiro. Lecionou direito tributário nos cursos de graduação da UniverCidade, da Universidade Estácio de Sá e da Uerj. Professor de direito tributário em cursos de pós-graduação da FGV, da PUC e da UFF.

Ricardo Lodi

Professor adjunto de direito financeiro da Uerj. Doutor em direito pela UGF e mestre em direito tributário pela Ucam. Procurador da Fazenda Nacional (licenciado). Sócio de Lodi & Lobo Advogados.